7.-10. Schuljahr

Doris Höller

Arbeitsheft Lebensmittel-einkauf

Ernährungsbezogenes Wissen vermitteln

Lernen mit Erfolg
KOHL VERLAG
www.kohlverlag.de

Der Lebensmitteleinkauf

Ernährungsbezogenes Wissen vermitteln

1. Auflage 2023

Inhalt: Doris Höller
Coverbild: © Maksym Yemelyanov - AdobeStock.com
Redaktion: Kohl-Verlag
Grafik & Satz: Simone Demler & Kohl-Verlag
Druck: Druckhaus Flock, Köln

Bestell-Nr. 13 021

ISBN: 978-3-98841-071-9

Bildquellen © AdobeStock.com:

S. 5: © ronnarid_EA, martialred; S. 6: © Pixelot, ronnarid_PA; S. 7: © ronnarid_GA; S. 8: © Yantra, ronnarid_PA; S. 11: © Tim UR, Mara Zemgaliete, guy, euthymia, ExQuisine, katyspichal; S. 12: © kunertus, BRN-Pixel, egorxfi; S. 13: © MichaelJBerlin; S. 14: © ronnarid_PA, Africa Studio, adisa, shock; S. 15: © shootingankauf, MarySan, brgfx; S. 16: © fovito; S. 17: © shootingankauf; S. 18: © Sergey Ryzhov; S. 19: © Fotoldee; 21: © guukaa; S. 22: © ronnarid_PA; S. 24: © kolopach, Olga Kriger; S. 25: © samuelgarces; S. 26: © ronnarid_GA, Stockfotos-MG; S. 27: © Jaiz Anuar; S. 28: © ronnarid_PA; S. 31: © Tim UR, Mara Zemgaliete, guy, euthymia, ExQuisine, katyspichal;

S. 21: © Andresmahecha25, Gesch-Ursprungsbezeichnung

Inhalt

Vorwort

Das Angebot im Supermarkt ist unendlich vielfältig, aber auch unübersichtlich. Fast alle Obst- und Gemüsesorten sind das ganze Jahr über zu haben. Aber woher kommen unsere Lebensmittel und unter welchen Bedingungen werden sie produziert? Immer mehr Menschen hinterfragen unser Lebensmittelangebot. Plötzliche Lieferengpässe und stark gestiegene Preise lassen so manchen seine Ernährungsgewohnheiten überdenken.

Immer mehr rücken Umweltfragen und Tierschutz ins Blickfeld. Aber wie kann man sich auch mit weniger Geld gesund und ausgewogen ernähren und dabei auch Umweltschutz und Tierwohl im Blick haben? Dafür muss niemand zum Selbstversorger werden. Wer sich kritisch mit dem Nahrungsmittelangebot auseinander setzt, der kann viel Geld sparen. Informierte Kunden lassen sich nicht so schnell in die Irre führen. Nachhaltiges Einkaufen muss nicht automatisch teurer sein. Regionale Produkte gibt es auf dem Wochenmarkt, aber auch im Supermarkt. Allerdings muss man dafür wissen, was wann bei uns Saison hat. Nur für einen Artikel mit dem Auto zum entfernt gelegenen Hofladen zu fahren, ist sicher nicht umweltfreundlich. Bei einem geplanten Wocheneinkauf sieht das aber schon anders aus.

Im Unverpacktladen kann man in eigenen Behältern viele Lebensmittel in der benötigten Menge kaufen. Die abgepackten Mengen im Supermarkt werden oft nur zum Teil verwendet, die Reste landen häufig im Müll. Wir vermeiden bei dieser Einkaufsmöglichkeit nicht nur Verpackungsmüll, sondern verschwenden auch keine Lebensmittel.

Laut Bundesministerium für Ernährung und Landwirtschaft wirft jeder Bundesbürger rund 80 kg Lebensmittel pro Jahr weg, sehr vieles davon wäre noch genießbar gewesen. Weltweit werden jährlich ca. 1,2 Milliarden Tonnen Lebensmittel vergeudet. Das belastet das Portemonnaie und die Umwelt. Jährlich entstehen Millionen Tonnen Treibhausgase zu viel und Millionen Kubikmeter Wasser werden umsonst verbraucht. Auch Düngemittel, Pestizide sowie Energie werden vergeudet.

Das falsch interpretierte Mindesthaltbarkeitsdatum ist dafür nur ein Grund. Obst oder Gemüse muss optisch einer ganz bestimmten Norm entsprechen, die über die Qualität nichts aussagt. Krumme Gurken z. B. lassen sich nicht so gut verpacken und werden entsorgt. Bis kurz vor Ladenschluss müssen alle Brotregale gefüllt sein. Der Rest ist am nächsten Tag nicht mehr zu verkaufen. Es gibt viele weitere Beispiele, die ein Umdenken erforderlich machen.

Eine Initiative gegen Lebensmittelverschwendung gibt hilfreiche Tipps:

https://www.zugutfuerdietonne.de/
https://restegourmet.de/
https://www.verbraucherzentrale.de/portionsplaner

Wer die Kniffe im Lebensmittelhandel kennt und sich außerdem kritisch mit Werbung auseinandersetzt, wird nicht zur „leichten Beute“. Wichtig sind aber auch Kenntnisse über einzelne Lebensmittel und deren Verwendungsmöglichkeiten. Nahrungszubereitung ist keine Hexerei, jeder kann einfache Gerichte selbst zubereiten.

Viel Spaß beim Ausprobieren wünschen der Kohl-Verlag und

Doris Höller

1 Welcher Einkaufstyp bist du?

Marketing ist auch im Lebensmittelhandel ein wichtiger Bestandteil. Das Kundenverhalten wird analysiert und die Verkaufsstrategien danach entwickelt.

EA

Aufgabe 1: *Jeder beantwortet die Fragen möglichst ehrlich. Wie würdest du dich verhalten? Sammelt die Ergebnisse an der Tafel in einer Tabelle.*

PA

- Diskutiert das Ergebnis gemeinsam.
- Wie sieht das Ergebnis aus, wenn ihr eure Familie auch befragt?
- Was ist zu beobachten, wenn das Alter der Befragten auch erfasst wird?

Aussage/Situation	**1**	**2**	**3**	**4**	**5**
a)					
b)					
c)					

Situation 1: Ein Sonderangebot ist schon am Mittag ausverkauft. „Das kommt aber wieder rein!“

a) Ich gehe und komme am nächsten Tag wieder.
b) Ich kaufe ein ähnliches Produkt zum regulären Preis.
c) Wenn ich schon hier bin, kauf ich auch noch etwas ein.

Situation 2: An der Kasse wird ein Produkt aus dem Sonderangebot zum Normalpreis verbucht.

a) Ich beobachte die eingegebenen Preise und lasse das Produkt an der Kasse zurück.
b) Ich zahle den Preis und reklamiere an der Information.
c) Es ist mir unangenehm, mich für einen kleinen Betrag zu beschweren und akzeptiere den falschen Preis.

Situation 3: Bei manchen Lebensmittelketten und Discountern gelten nicht alle Angebote von Montag bis Samstag. Einige Angebote gelten z. B. erst ab Mittwoch, andere nur am Freitag.

a) Ich wähle den Tag aus, an dem es für mich besonders interessante Angebot gibt.
b) Ich lese keine Prospekte und kaufe, worauf ich gerade Lust habe.
c) Ich gehe mehrmals in den Supermarkt um alle Angebote zu bekommen.

Situation 4: Im Mittelgang ist ein Produkt aufgebaut. Es fehlt aber die Preisauszeichnung.

a) Ich suche jemanden vom Verkaufspersonal und frage nach dem Preis.
b) Ich habe das Produkt im Prospekt gesehen, daher muss es wohl im Angebot sein und es kommt in den Einkaufswagen.
c) An der Kasse erfahre ich, dass der Artikel erst am nächsten Tag im Angebot ist. Ich ärgere mich und lasse den Artikel an der Kasse zurück.

Situation 5: An der Kasse könnte die Frage nach einer Kundenkarte kommen. Damit kann man Rabattpunkte sammeln und zusätzliche Vergünstigungen erhalten.

a) Ich nutze die Kundenkarte, denn die Angebote sind interessant.
b) Wenn es ein gutes Rabattangebot gibt, dann gehe ich auch öfter in diesen Supermarkt, damit ich die Punkte zusammen bekomme.
c) Ich habe keine Kundenkarte. Damit werde ich zum „gläsernen Kunden“. Wann und was ich kaufe wird erfasst.

Lebensmitteleinkauf
Ernährungsbezogenes Wissen vermitteln – Bestell-Nr. 13 021
KOHL VERLAG

2 Werbung – „Ich bin doch nicht blöd!“

Werbung soll ein Produkt bekannt machen und bei der Kundschaft Wünsche hervorrufen. Die Vorzüge eines Produkts werden hervorgehoben, mögliche Nachteile bleiben unerwähnt. Uns wird suggeriert, dass wir und besser fühlen, wenn wir das Produkt kaufen. Werbung begegnet uns überall und wir treffen oft Kaufentscheidungen, die unbewusst über Werbung gesteuert wurden.

Werbebotschaften erreichen uns auf verschiedenen Wegen. Als Werbeträger dienen Plakate, Tragetaschen, Zeitungen, Zeitschriften, Hauswurfsendungen, Radio, Fernsehen, Kino, Internet, Werbegeschenke, Verpackungen, Schaufenster, Haltestellen, Busse, Bahnen, Autos, Lastwagen… Manchmal sind wir aber auch selbst eine Werbefläche.

Berühmte Personen als Werbebotschafter wie Thomas Gottschalk oder George Clooney haben schon für verschiedene Produkte geworben.

<u>**Aufgabe 1**</u>: *Macht Vorschläge, für welche Produkte z. B. eine bekannte Popsängerin, ein Fußballspieler oder eine Olympiasiegerin Werbung machen könnten.*

Das Logo ist ein Name mit speziellem Schriftzug, der sofort erkannt und einer Marke zugeordnet werden kann. Die Farbe oder ein Bild spielen dabei auch eine wichtige Rolle. Manchmal wird ein Logo zum Sammelbegriff für eine ganze Produktgruppe.

<u>**Aufgabe 2**</u>: *Klebt verschiedene Logos zu einer Collage zusammen.*

<u>**Aufgabe 3**</u>: *Welche Marken fallen euch z. B. bei Papiertaschentüchern, Nuss-Nougat-Creme, Gummibärchen, Kunststoffbausteinchen oder koffeinhaltigen Erfrischungsgetränken ein?*

Werbefiguren lassen sich gut mit einem Produkt oder einem Hersteller in Verbindung bringen. Ein schmunzelnder Hase, eine lila Kuh oder einen putzenden Muskelprotz haben einen hohen Wiedererkennungswert.

PA

<u>**Aufgabe 4**</u>: *Sammelt aus Zeitungen, Zeitschriften oder von Verpackungen solche Werbefiguren. Schreibt eure Ergebnisse auf.*

„Ein Bild sagt mehr als tausend Worte“ Werbespots liefern uns schöne Bilder mit gefälliger Musik und lustigen Szenen. Mit fröhlichen Kindern und niedlichen Tieren werden Gefühle angesprochen, damit die Werbung in unserem Gedächtnis bleibt.

<u>**Aufgabe 5**</u>: *Welche Werbung fällt dir ganz spontan ein? Weshalb erinnerst du dich wohl gerade an diese Werbung? Notiere deine Einfälle.*

<u>**Aufgabe 6**</u>: *Welche Produkte werden zu welchen Sendezeiten ausgestrahlt? Erstellt eine Übersicht.*

KOHL VERLAG Lebensmitteleinkauf Ernährungsbezogenes Wissen vermitteln – Bestell-Nr. 13 021

3 „Werbe – Slogan“ die ins Ohr gehen

Ein **guter Slogan** wird zum **Erkennungszeichen einer Marke**. Er ist kurz, präzise, zielgerichtet und häufig mit Übertreibung gestaltet. Es gibt verschiedene Möglichkeiten einen Slogan zu verfassen.

Reime	*„Tut gut – schmeckt gut!“*
Wortwiederholungen	*„Cha-Cha-Cha-Charmin.“*
kurz einprägsam	*„Geiz ist geil!“*
Vergleiche	*„Die längste Praline der Welt.“*
Gleiche Anfangsbuchstaben	*„Milch macht müde Männer munter!“*
Metaphern (sprachliche Bilder)	*„Putzt so sauber, dass man sich drin spiegeln kann.“*
englische Wörter	*„Just do it.“*
Wortspiele	*„Wohnst du noch oder lebst du schon?“*
Redensarten	*„Wer wird denn gleich in die Luft gehen?“*
Gegensätze	*„Für kleine Hunde mit großen Ansprüchen.“*
neue Wortschöpfungen	*„Der Kräftig – Würzige aus naturbelassener Milch“*

Andere Slogan bringen sehr einprägsam den **Markennamen** mit in den Text ein.

Nichts ist unmöglich ____________.	Alles __________ oder was?
Wenn`s ums Geld geht ____________.	______ macht Kinder froh und Erwachsne ebenso.
Dann geh` doch zu _________!	

Aufgabe 1: *Findet weitere Beispiele – mind. zwei - und ergänzt die Tabellen.*

GA

Aufgabe 2: *Überlegt euch ein gesundes Produkt und entwickelt eine aussagekräftige, pfiffige Werbung dafür. Entwerft ein Logo und einen Slogan. Sucht passende Bilder und überlegt, welche Farben euer Produkt besonders gut in Szene setzt. Legt eure Ergebnisse schriftlich dar.*

KOHL VERLAG Lebensmitteleinkauf
Ernährungsbezogenes Wissen vermitteln – Bestell-Nr. 13 021

4 Mit dem Einkaufszettel Geld sparen

Eine größere Anschaffung planen wir gründlich. Schließlich möchten wir gute Qualität zu einem günstigen Preis haben. Die Dinge des täglichen Bedarfs werden aber oft planlos gekauft. Dabei nehmen wir in Kauf, dass wir zu viel bezahlen oder Lebensmittel wegwerfen, weil wir sie dann doch nicht brauchen.

Folgende Punkte helfen bei der Einkaufsplanung:

- Welche Vorräte habe ich im Haus?
- Welche Vorräte müssen verbraucht werden damit sie nicht verderben?
- Was könnte ich daraus machen?
- Welche Angebote aus dem Lebensmittelprospekt passen dazu?
- Welches Angebot könnte ich in den Speiseplan einbauen?
- Was kann ich aus den Resten machen, wenn ich nicht alles für eine Mahlzeit brauche?

Saison für Gemüse, Salate und Obst:

Im Sommer ist es nicht schwer, saisonales Gemüse zu bekommen. Aber auch im Winter wird Gemüse geerntet. Außerdem gibt es viele Gemüsesorten, die problemlos den Winter über gelagert werden können.

Blattsalate gibt es vor allem in den warmen Monaten. Im Winter gibt es z. B. Feldsalat oder Endiviensalat. Anstelle von grünem Salat eignen sich z. B. Möhren, Kohl oder Rote Bete für Rohkostsalate.

Die **Sortenvielfalt** bei Obst ist im Sommer besonders groß. Im Winter dagegen sollten heimische Äpfel bevorzugt werden. Wer in der kalten Jahreszeit nicht nur Äpfel essen möchte, sollte beim Kauf von Südfrüchten und exotischen Früchten auf das Fairtrade-Siegel achten.

Südfrüchte wie z. B. Orangen, Zitronen, oder Nektarinen kommen grundsätzlich aus Südeuropa oder Mittel- und Südamerika. Exotische Früchte wie z. B. Bananen oder Ananas brauchen tropisches Klima und legen besonders weite Wege bis in unseren Supermarkt zurück.

Aufgabe 1: *Nenne Gründe dafür, dass wir mehr kaufen als wir wollen oder brauchen. Schreibe deine Vorschläge auf.*

PA **Aufgabe 2:** *Erstellt gemeinsam für jeden Monat im Jahr einen Speiseplan für ein Wochenende. Nutzt dafür den Saisonkalender für Obst und Gemüse. In Kochbüchern gibt es Anregungen für die abwechslungsreiche Verarbeitung regionaler und saisonaler Produkte. Notiert eure Ideen.*

PA **Aufgabe 3:** *Welche Vorteile hat es, regionale und saisonale Produkte zu verwenden? Notiert eure Überlegungen.*

Aufgabe 4: *Fast alle Obst- und Gemüsesorten liegen das ganze Jahr im Laden. Wie bewertest du diese Situation? Schreib deine Ideen dazu auf.*

Aufgabe 5: *Informiert euch über die Anbaumethoden von Bananen. Wie sind die Arbeitsbedingungen für die Plantagenarbeiter? Recherchiert dazu auch im Internet und schreibt eure Ergebnisse auf.*

5 Saisonkalender für Gemüse

Gemüse	Jan	Feb	Mär	Apr	Mai	Jun	Jul	Aug	Sep	Okt	Nov	Dez
Aubergine	-	-	-	-	-	-	■	■	■	■	-	-
Blumenkohl	-	-	-	-	■	■	■	■	■	■	-	-
Bohnen, grün	-	-	-	-	-	-	■	■	■	■	-	-
Bohnen, dicke	-	-	-	-	-	■	■	■	-	-	-	-
Brokkoli	-	-	-	-	-	■	■	■	■	■	-	-
Butterrüben	□	□	□	□	-	-	-	■	■	■	■	■
Champignons	■	■	■	■	■	■	■	■	■	■	■	■
Erbsen	-	-	-	-	-	■	■	■	-	-	-	-
Fenchel	-	-	-	-	-	■	■	■	■	■	■	-
Frühlingszwiebel	-	-	-	-	■	■	■	■	■	■	-	-
Grünkohl	■	■	-	-	-	-	-	-	-	-	■	■
Kartoffeln	□	□	□	□	□	■	■	■	■	■	□	□
Kohlrabi	-	-	-	-	■	■	■	■	■	■	-	-
Kürbis	□	□	-	-	-	-	-	■	■	■	■	□
Lauch / Porree	■	■	■	■	-	-	■	■	■	■	■	■
Mais	-	-	-	-	-	-	-	■	■	■	-	-
Mangold	-	-	-	-	■	■	■	■	■	■	-	-
Möhren	□	□	□	□	□	■	■	■	■	■	□	□
Paprika	-	-	-	-	-	-	■	■	■	■	-	-
Pastinaken	■	■	■	□	-	-	-	-	■	■	■	■
Radieschen	-	-	-	-	■	■	■	■	■	■	-	-
Rosenkohl	■	■	■	-	-	-	-	-	-	■	■	■
Rote Bete	□	□	□	□	-	-	■	■	■	■	■	□
Rotkohl	□	□	□	□	□	■	■	■	■	■	■	□
Salatgurke	-	-	-	-	-	■	■	■	■	■	-	-
Schwarzwurzeln	■	■	-	-	-	-	-	-	-	■	■	■
Spargel	-	-	-	■	■	■	-	-	-	-	-	-
Spinat	-	-	■	■	■	-	-	-	■	■	■	-
Spitzkohl	-	-	-	-	■	■	-	-	-	-	-	-
Staudensellerie	-	-	-	-	-	-	■	■	■	■	-	-
Steckrüben	□	□	□	-	-	-	-	-	■	■	■	■
Tomaten	-	-	-	-	-	-	■	■	■	■	-	-
Topinambur	■	■	■	-	-	-	-	-	-	■	■	■
Weißkohl	□	□	□	□	-	■	■	■	■	■	■	□
Wirsingkohl	■	■	□	-	■	■	■	■	■	■	■	■
Zucchini	-	-	-	-	-	■	■	■	■	■	-	-
Zuckerschoten	-	-	-	-	-	■	■	■	-	-	-	-
Zwiebeln	□	□	□	□	□	□	■	■	■	■	□	□

■ Das Gemüse ist in diesem Monat frisch aus heimischem Anbau verfügbar.
□ Das Gemüse ist in diesem Monat als Lagerware aus heimischem Anbau verfügbar.
- Das Gemüse ist in diesem Monat nicht regional-saisonal verfügbar.

Lebensmitteleinkauf
Ernährungsbezogenes Wissen vermitteln – Bestell-Nr. 13 021
KOHL VERLAG

6 Saisonkalender für Salat und Obst

Salat	Jan	Feb	Mär	Apr	Mai	Jun	Jul	Aug	Sep	Okt	Nov	Dez
Batavia	-	-	-	-	■	■	■	■	■	-	-	-
Chicorée	■	■	■	■	-	-	-	-	-	■	■	■
Eichblattsalat	-	-	-	-	■	■	■	■	■	■	-	-
Eisbergsalat	-	-	-	-	-	■	■	■	■	■	-	-
Endiviensalat	-	-	-	-	-	■	■	■	■	■	■	■
Feldsalat	■	■	■	■	-	-	-	-	-	■	■	■
Kopfsalat	-	-	-	-	■	■	■	■	■	■	-	-
Lollo Rosso	-	-	-	-	■	■	■	■	■	■	-	-
Portulak	■	■	■	■	-	-	■	■	■	■	■	■
Radicchio	□	□	-	-	-	-	-	■	■	■	■	□
Rucola	-	-	-	-	■	■	■	■	■	■	-	-

■ Der Salat ist in diesem Monat frisch aus heimischem Anbau verfügbar.
□ Der Salat ist in diesem Monat als Lagerware aus heimischem Anbau verfügbar.
- Der Salat ist in diesem Monat nicht regional-saisonal verfügbar.

Obst	Jan	Feb	Mär	Apr	Mai	Jun	Jul	Aug	Sep	Okt	Nov	Dez
Äpfel	□	□	□	□	□	-	-	■	■	■	■	□
Aprikosen	-	-	-	-	-	-	■	■	-	-	-	-
Birnen	-	-	-	-	-	-	-	■	■	■	□	□
Blaubeeren	-	-	-	-	-	■	■	■	■	-	-	-
Brombeeren	-	-	-	-	-	-	■	■	■	-	-	-
Erdbeeren	-	-	-	-	-	■	■	■	-	-	-	-
Himbeeren	-	-	-	-	-	■	■	-	-	-	-	-
Holunderbeeren	-	-	-	-	-	-	-	-	■	■	-	-
Johannisbeeren	-	-	-	-	-	■	■	■	-	-	-	-
Kirschen	-	-	-	-	-	■	■	■	-	-	-	-
Mirabellen	-	-	-	-	-	-	■	■	■	-	-	-
Pflaumen	-	-	-	-	-	-	■	■	■	-	-	-
Quitten	-	-	-	-	-	-	-	-	■	■	■	-
Rhabarber	-	-	-	■	■	■	-	-	-	-	-	-
Stachelbeeren	-	-	-	-	-	■	■	■	-	-	-	-
Wassermelonen	-	-	-	-	-	-	-	■	■	-	-	-
Weintrauben	-	-	-	-	-	-	-	-	■	■	-	-
Zwetschgen	-	-	-	-	-	-	■	■	■	■	-	-

■ Das Obst ist in diesem Monat frisch aus heimischem Anbau verfügbar.
□ Das Obst ist in diesem Monat als Lagerware aus heimischem Anbau verfügbar.
- Das Obst ist in diesem Monat nicht regional-saisonal verfügbar.

7 Inhalt und Preis im Vergleich

Ob der Preis für ein abgepacktes Produkt tatsächlich günstig ist, lässt sich auf den ersten Blick nicht gleich erkennen. Form und Größe einer Verpackung lassen nicht sofort auf die enthaltene Menge schließen. Hier ist es hilfreich, den Grundpreis am Regal zu beachten. Der steht, wenn auch recht klein, unter dem Packungspreis und gibt den Preis pro 100 g, 1 kg oder den Literpreis an.
Die **Stiftung Warentest** hat außerdem festgestellt, dass es qualitativ kaum Unterschiede zwischen den bekannten Markenprodukten und den Eigenmarken im Handel gibt. Oft kommen diese Produkte vom gleichen Hersteller.
Du kaufst regelmäßig bestimmte Artikel wie z. B. Kräuterfrischkäse, Naturjoghurt, Margarine, Käse, Vollkornbrot und Fleischwurst ein.

Aufgabe 1: *Rechne die Kilopreise aus.*

Beispielrechnung:

125 g ≙ 3,00 € → 1000 g : 125g = 8 → 8 • 3,00 € = 24,00 € pro Kilogramm

400 g ≙ 3,50 € → 1000 g : 400 g = 2,5 → 3,50 € • 2,5 = 8,75 € pro Kilogramm

400 g ≙ 3,50 € : 4 = 0,875 € → 0,875 € ≙ 100 g → 100 g • 10
= 1000 g → 0,875 € • 10 = 8,75 €

Aufgabe 2: *Was musst du bezahlen, wenn du jeweils die günstigsten/teuersten Artikel wählst?*

Aufgabe 3: *Was kannst du bei einem Einkauf sparen? Notiere deine Überlegungen.*

Kräuterfrischkäse 300 g ≙ 1,49 € Kilopreis: ____________		Kräuterfrischkäse 175 g ≙ 1,85 € Kilopreis: ____________
Käse 300 g ≙ 2,99 € Kilopreis: ____________	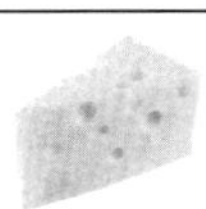	Käse 400 g ≙ 2,99 € Kilopreis: ____________
Fleischwurst 80 g ≙ 1,99 € Kilopreis: ____________		Fleischwurst 150 g ≙ 1,19 € Kilopreis: ____________
Margarine 450 g ≙ 3,49 € (1,49 €) Kilopreis: ____________		Margarine 500 g ≙ 1,69 € Kilopreis: ____________
Vollkornbrot 500 g ≙ 1,89 € Kilopreis: ____________		Vollkornbrot 250 g ≙ 1,39 € Kilopreis: ____________
Naturjoghurt 200 g ≙ 0,69 € Kilopreis: ____________		Naturjoghurt 4 x 150 g ≙ 1,09 € Kilopreis: ____________

Lebensmitteleinkauf
Ernährungsbezogenes Wissen vermitteln – Bestell-Nr. 13 021
KOHL VERLAG

8 Planänderung im Supermarkt

Auf meinem Einkaufszettel steht **Bratwurst** aus dem Sonderangebot. Im Laden stelle ich aber fest, dass die Bratwurst ausverkauft ist.
In diesem Fall muss ich die Bratwurst gegen etwas anderes austauschen.

Aufgabe 1: *Im Kühlschrank habe ich noch gekochte Kartoffeln und eine Portion Rotkohl. Was könnte ich anstelle der Bratwurst dazu kaufen?*

Beim abgepackten Fleisch finde ich ein **Paket Hackfleisch** mit einem roten Aufkleber, „30 % reduziert“. Diese Ware ist kurz vor Ablauf des Verbrauchsdatums, ist aber noch unbedenklich für den Verzehr. Wenn ich meinen Speiseplan ändere, kann ich das Angebot kaufen. Dafür muss ich aber evtl. meine Einkaufsliste spontan ändern.

Aufgabe 2: *Suche 5 einfache Hackfleischrezepte und überlege, welche Beilagen dazu passen könnten. Schreibe sie in dein Heft.*

Im Mittelgang gibt es **ungewöhnliche Angebote**. Einige Kunden stehen an der Auslage. Da riskiert man doch auch mal einen Blick. Hier gibt es 5 Tafeln Schokolade in einem Paket, 6 Dosen Eintopf zum Preis von 5 Dosen, 1 kg Salzgebäck in einer Packung und 2 kg Mehl in einer Großpackung. Bevor wir hier zugreifen, sollten wir kurz überlegen, ob der Kauf wirklich sinnvoll ist. Möglicherweise lassen wir uns nur durch das Interesse der anderen Kunden zum Kauf verleiten.

Aufgabe 3: *Mache dir zu folgenden Fragen Gedanken und schreibe sie in dein Heft.*

a) Kann ich den Inhalt verbrauchen, oder werfe ich den Rest weg?
b) Ist der Inhalt im Vergleich zur Normalmenge tatsächlich günstiger?
c) Gibt es im Vergleich der Grundpreise eine günstigere Marke?
d) Ist es sinnvoll, dass ich große Mengen Knabbergebäck oder Süßigkeiten kaufe?
e) Welche Lebensmittel kann man auch in größerer Menge auf Vorrat kaufen?

In der Obst- und Gemüseabteilung möchte ich einen **Blumenkohl** kaufen. Der Blumenkohl sieht aber nicht mehr ganz frisch aus und ist außerdem recht teuer.

Aufgabe 4: *Was denkst du? Schreibe deine Überlegungen dazu in dein Heft.*
Ist es sinnvoll, dann den Blumenkohl aus der Tiefkühltheke zu kaufen?

Lebensmitteleinkauf
Ernährungsbezogenes Wissen vermitteln – Bestell-Nr. 13 021
KOHL VERLAG

9 Mein Weg durch den Supermarkt

<u>Aufgabe 1</u>: Du möchtest folgende Artikel einkaufen:

EINKAUFSLISTE

Brot
Käse
Salat
Salz
Schokolade
1 Dose Mais
Spülmittel

a) *Zeichne deinen Weg durch den Supermarkt ein.*

b) *Stelle Vermutunge zu möglichen Verkaufsstrategien an. Warum sind die Regale und Produkte so angeordnet?*

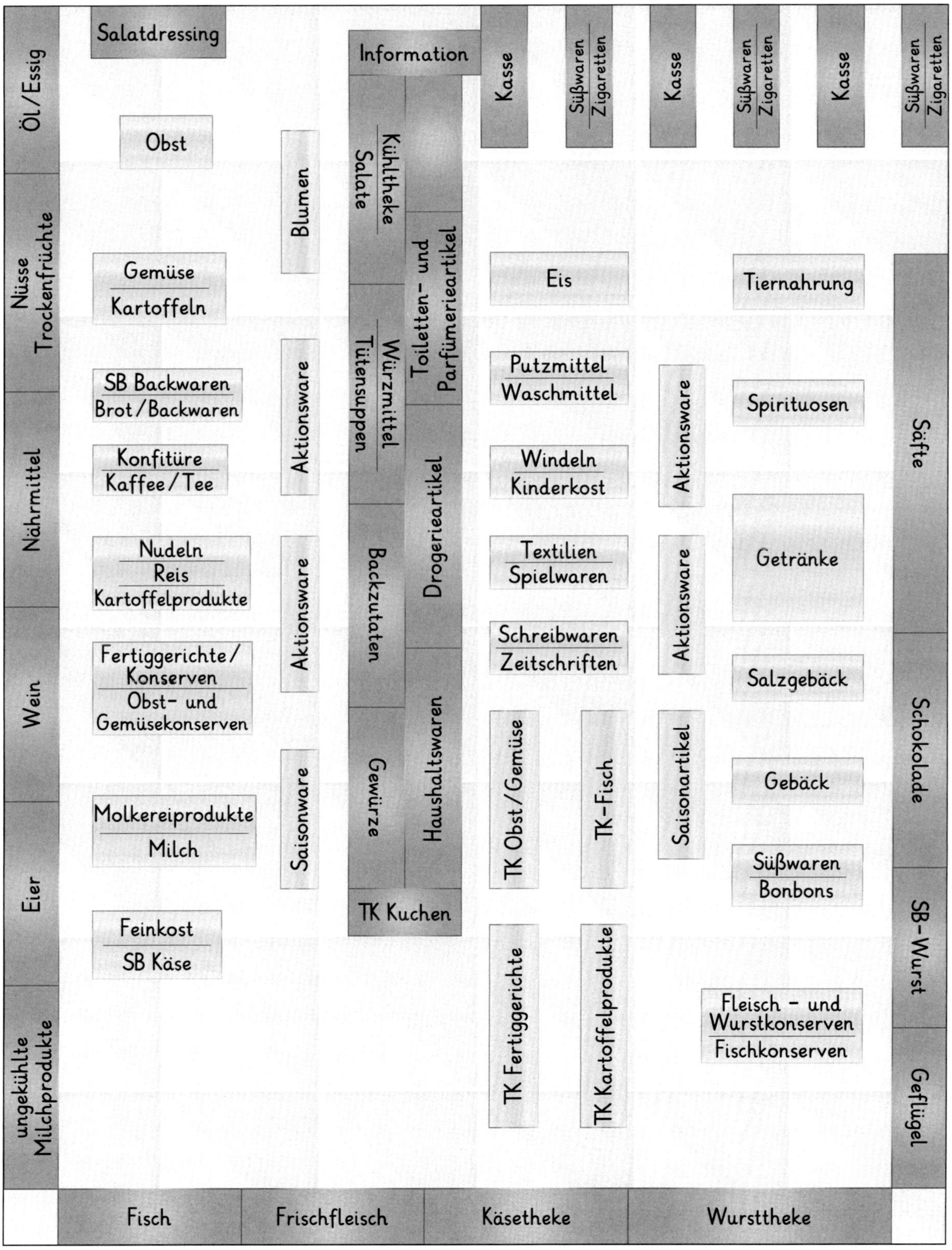

KOHL VERLAG
Lebensmitteleinkauf
Ernährungsbezogenes Wissen vermitteln – Bestell-Nr. 13 021

10 Verkaufsstrategien kennen und Geld sparen

Vieles was im **Einkaufswagen** landet, steht nicht auf unserem Einkaufszettel. Der Grund für solche **Spontankäufe** ist aber nicht nur ein knurrender Magen.

Aufgabe 1: *Beantworte die folgenden Fragen und überlege, welchen Vorteil der Handel davon haben könnte.*

PA **Aufgabe 2:** *Tragt eure Ergebnisse zusammen und diskutiert über eure Überlegungen.*

a) Warum sind z. B. Milchprodukte, Obst, Fleisch und auch Sonderangebote über den ganzen Supermarkt verteilt?

b) Warum verläuft der Weg vom Eingang zur Kasse in den meisten Supermärkten gegen den Uhrzeigersinn?

c) Warum finden wir Obst und Gemüse gleich am Eingang?

d) Warum versperren sogenannte „Aufsteller“ die Gänge?

e) Warum sind die Einkaufswagen so groß?

f) Ist die dezente Musik zufällig gewählt?

g) Kann es sein, dass wir über die Nase zum Kauf animiert werden?

h) Lassen wir uns auch von den Lichtverhältnissen beeinflussen?

i) Die Regale sind in vier Zonen eingeteilt. Was findest du in der Sichtzone, in der Greifzone, in der Bückzone und in der Reckzone?

j) Wo befindet sich die sogenannte „Quengelware“?

Lebensmitteleinkauf
Ernährungsbezogenes Wissen vermitteln – Bestell-Nr. 13 021
KOHL VERLAG

11 Was muss auf der Verpackung stehen?

Nach der europäischen **Lebensmittel-Informationsverordnung (LMIV)** sind folgende Angaben verpflichtend:

d) die Nettofüllmenge	a) der Produktverantwortliche	f) die Bezeichnung
c) die Nährwertkennzeichnung	e) das Mindesthaltbarkeitsdatum	b) das Zutatenverzeichnis

Aufgabe 1: *Trage die Pflichtangaben in die Textlücken ein.*

a) Mit Namen und Anschrift der Firma, Erzeuger oder Abfüllbetrieb, haben wir die Information über die ____.

b) Auf dem ______________________________ werden alle Zutaten, geordnet nach ihrem Gewichtsanteil aufgeführt. Zusätzlich sind alle Zusatzstoffe und Aromen aufgeführt. Zutaten die häufig Allergien auslösen, werden hervorgehoben.

c) Wie viele Kalorien ein Produkt enthält, kann man der _____________________ entnehmen.

d) Die ________________________ nennt den Inhalt ohne Verpackung. Die Angaben sind in Gramm oder Kilogramm, Milliliter oder Liter. Es kann auch eine Stückangabe sein.

e) Wie lange ein Produkt bei richtiger Lagerung seine spezifischen Eigenschaften behält, kann man dem ___________________________________ entnehmen. Bei leicht verderblichen Lebensmitteln wird das Verbrauchsdatum angegeben.

f) An der ____________________________ muss man eindeutig erkennen können, um was für ein Produkt es sich handelt.

Aufgabe 2: *Wo findest du die Pflichtangaben auf der Packung? Schreibe es auf.*

Aufgabe 3: *Bringe verschiedenen Lebensmittelverpackungen mit und ordne die Angaben zu.*

Aufgabe 4: *Welche Angaben oder Bilder sind noch auf der Packung zu finden? Notiere deine Ergebnisse.*

Aufgabe 5: *Hat die Verpackung deinen Kauf beeinflusst? Schreibe deine Gedanken auf.*

KOHL VERLAG Lebensmitteleinkauf
Ernährungsbezogenes Wissen vermitteln – Bestell-Nr. 13 021

12 Was steht auf der Zutatenliste?

Wer wissen möchte, woraus ein abgepacktes Lebensmittel besteht, sollte die **Zutatenliste** lesen. Sie informiert über die Zusammensetzung des Lebensmittels und muss grundsätzlich vollständig sein.

Alle **Zutaten** werden in der Reihenfolge ihres Gewichtsanteils aufgeführt. Am Anfang stehen die Hauptzutaten, am Ende der Liste meist Gewürze, Aromen und Zusatzstoffe ohne Mengenangaben.

Werden auf der Verpackung Zutaten abgebildet, dann muss auch der prozentuale Mengenanteil angegeben sein.

Bei **bestehenden Allergien** und Lebensmittelunverträglichkeiten ist der Blick auf die Zutatenliste besonders wichtig. Lebensmittel und andere Zutaten die häufig zu allergischen Reaktionen oder Unverträglichkeit führen, müssen namentlich genannt werden. Sie sind hervorgehoben, fett, kursiv oder farbig gedruckt, z. B. „Gewürze (mit ***Sellerie***)“.

Bei **sogenannten Klassennamen** wie z. B. „Gewürze“ oder „Kräuter“, die nur einen Anteil von bis zu zwei Prozent haben, erfahren wir die Zusammensetzung nicht. Nur wichtige Allergene wie z. B. Sellerie oder Erdnüsse müssen angeben werden.

Zusatzstoffe müssen im Normalfall auf der Zutatenliste ersichtlich sein. Wenn ein Zusatzstoff aber über eine Zutat in das Lebensmittel gelangt, ist er nicht mehr aufgeführt. Hier ein Beispiel: Salz wird Siliciumdioxid als Rieselhilfe zugesetzt. Auf der Salzpackung ist dies vermerkt. Wird das Salz jedoch in einem Fertiggericht weiterverwendet, dann ist nur noch „Salz“ auf der Zutatenliste zu finden.

<u>Aufgabe 1</u>: *Welche Zutaten können allergische Reaktionen und Unverträglichkeiten auslösen?*

<u>Aufgabe 2</u>: *Macht eine Erhebung in der Klasse. Welche Zutaten werden nicht vertragen?*

<u>Aufgabe 3</u>: *Vergleiche die Zutatenliste einer Tomatensuppe aus der Dose, mit einem Tütenprodukt.*

a) Suche ein einfaches Rezept für eine Tomatensuppe. Welche der zwei Suppen hat besonders viele Zusatzstoffe?

b) Welche Suppe hat den höchsten Nährstoffgehalt?

Lebensmitteleinkauf
Ernährungsbezogenes Wissen vermitteln – Bestell-Nr. 13 021
KOHL VERLAG

13 Mindesthaltbarkeit von Lebensmitteln

Auf verpackten Lebensmitteln informieren das **Mindesthaltbarkeitsdatum** und das **Verbrauchsdatum** über die Haltbarkeit. Hierbei gibt es aber große Unterschiede. Leichtverderbliche, abgepackte Lebensmittel haben eine deutlich kürzere Haltbarkeit als Konserven.

„mindestens haltbar bis …"

Dieses Lebensmittel hält sich ungeöffnet und richtig gelagert **mindestens** bis zu dem genannten Datum.

Das bedeutet, dass dieses Lebensmittel …

- bis dahin seine typischen Eigenschaften wie Geschmack, Geruch und Nährstoffgehalt behält.
- auch nach diesem Datum lecker und gesund sein kann.
- auch nach diesem Datum verzehrt werden darf.

Es gilt aber auch …

- zu überprüfen (mit Augen, Nase und Mund), ob das Lebensmittel nach diesem Datum noch so aussieht, riecht und schmeckt wie immer.
- dass auch schon vor Ablauf des Datums, der Inhalt verdorben sein kann. Die Ursache kann eine fehlerhafte Verpackung, ein Abpackfehler, falsche Lagerung oder Transport, sowie mangelhafte Qualität des Produkts sein.

MERKE: Das Mindesthaltbarkeitsdatum ist kein Wegwerfdatum!

KOHL VERLAG Lebensmitteleinkauf Ernährungsbezogenes Wissen vermitteln – Bestell-Nr. 13 021

13 Mindesthaltbarkeit von Lebensmitteln

„zu verbrauchen bis …"

Dieser Aufdruck steht auf der Verpackung von Lebensmitteln, die schnell verderben. Dazu gehören z. B. rohes Fleisch, vorgeschnittene Salate, geräucherter Fisch und Rohmilch.

Das bedeutet für diese Lebensmittel…

- soll nach diesem Datum nicht mehr gegessen werden.
- könnte gefährliche Krankheitserreger enthalten, die man nicht schmeckt, riecht oder sieht.
- gehört nach diesem Datum in den Abfall!

MERKE: Das Verbrauchsdatum ist ein Wegwerfdatum!

Aufgabe: *Schreibe deine Ergebnisse zu diesen Fragen auf.*

a) Welche abgepackten Lebensmittel haben ein Mindesthaltbarkeitsdatum?

b) Welche Lebensmittel sind auch nach diesem Datum noch genießbar?

c) Welche Lebensmittel haben ein Verbrauchsdatum?

d) Woran kannst du schon im Supermarkt erkennen, dass ein Produkt nicht mehr zum Verzehr geeignet ist?

KOHL VERLAG Lebensmitteleinkauf
Ernährungsbezogenes Wissen vermitteln – Bestell-Nr. 13 021

14 Was bedeutet die Kennzeichnung „Nutri-Score“?

Immer mehr Hersteller bieten auf der Vorderseite ihrer Lebensmittelverpackung, diese freiwillige Ergänzung zur verpflichtenden Nährwerttabelle an. Mit dem „Nutri-Score“ kann man das Nährstoffprofil von verarbeiteten Lebensmitteln leichter vergleichen. Er wird für 100 Gramm oder 100 Milliliter eines Lebensmittels berechnet und bewertet günstige sowie ungünstige Inhaltsstoffe. Der Nutri-Score wird als 5- stufige Farbskala von A bis E dargestellt. Das dunkelgrüne A zeigt die beste Bewertung an, das rote E die schlechteste.

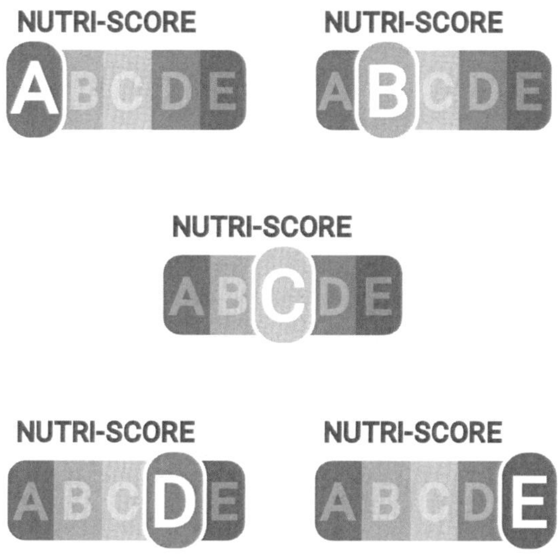

Für die Berechnung des „Nutri- Score“ werden günstige und ungünstige Inhaltsstoffe des Lebensmittels einbezogen und miteinander verrechnet. Der Vergleich mit dem „Nutri-Score“ ist nur innerhalb einer Produktgruppe sinnvoll. So lassen sich z. B. verschiedene Müslisorten miteinander vergleichen.
Entscheidet sich ein Unternehmen für den „Nutri-Score“, so verpflichtet es sich, dies für alle Produkte einer Marke zu tun. Hersteller können sich also nicht einzelne Lebensmittel aussuchen, die sie mit dem „Nurti-Scorc“ kennzeichnen.

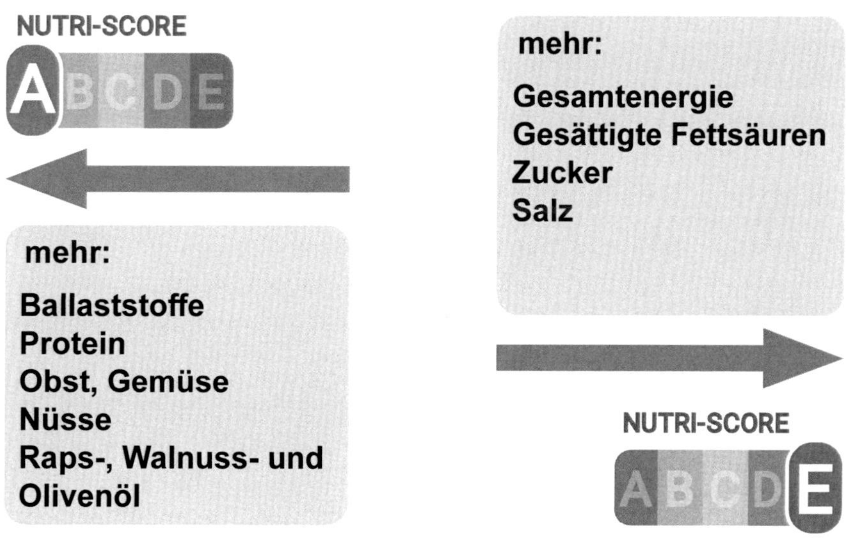

14 Was bedeutet die Kennzeichnung „Nutri-Score“?

Es werden die Mengen der ungünstigen Inhaltsstoffe ermittelt von/vom:

- Energiegehalt
- gesättigten Fettsäuren
- Zucker – alle Einfach- und Mehrfachzucker der Nährwerttabelle
- Natrium – Salz wird als Natrium berücksichtigt

Je nach Gehalt werden Punkte vergeben. Ein hoher Gehalt an Ballaststoffen, Protein, Gemüse, Obst, Nüssen, sowie Raps-/ Walnuss-/ Olivenöl verbessern die Bewertung. Die Punkte der günstigen Inhaltsstoffe werden von der Punktzahl abgezogen. Die Gesamtpunktzahl wird dann mit einem Buchstaben angegeben.

Aufgabe 1: **a)** *Sammelt verschiedene Verpackungen einer Produktgruppe (z. B. Müsli, Fruchtjoghurt oder Chips), die den „Nutri-Score“ haben.*

b) *Beurteilt die Bewertung. Vergleicht dabei auch die Nährwerttabellen.*

c) *Wie hilfreich ist der „Nutri-Score“?*

Aufgabe 2: *Erstellt gemeinsam eine Pro- und Contratabelle.*

Pro	Contra

KOHL VERLAG Lebensmitteleinkauf
Ernährungsbezogenes Wissen vermitteln – Bestell-Nr. 13 021

15 Gütesiegel, Logos und Symbole

Auf Lebensmittelverpackungen findet man neben gesetzlich vorgeschriebenen Kennzeichnungen auch freiwillige Angaben und eine Vielzahl an Siegeln und Symbolen. Sie rufen Qualitätserwartungen hervor und werden daher auch zu Werbezwecken eingesetzt. Andere Siegel ermöglichen es, sich für eine bestimmte Art der Lebensmittelerzeugung, wie beispielsweise biologisch produzierte oder vegane Produkte zu entscheiden.

1 Regional – Wo kommt es her? Wo wurde es verarbeitet? Wie hoch ist der regionale Anteil? Neutral geprüft durch: Kontroll GmbH www.regionalfenster.de	2 demeter, Naturland, Bioland	3 GOLDENER PREIS 2022 DLG WWW.DLG.ORG
4 BIO nach EG-Öko-Verordnung	5 Ohne Gentechnik	6 V-LABEL INTERNATIONAL V-LABEL.COM VEGAN; V-LABEL INTERNATIONAL V-LABEL.COM VEGETARISCH
7 Haltungsform 1 Stallhaltung; Haltungsform 2 StallhaltungPlus; Haltungsform 3 Außenklima; Haltungsform 4 Premium (haltungsform.de)	8 ZERTIFIZIERTE NACHHALTIGE FISCHEREI MSC www.msc.org/de	9 NEULAND EHRLICHE HERKUNFT SEIT 1988
10 LAKTOSEFREI, GLUTENFREI	11 QS. Ihr Prüfsystem für Lebensmittel.	12 PRO WEIDELAND Weidecharta
13 FÜR MEHR TIERSCHUTZ – Deutscher Tierschutzbund – tierschutzlabel.info Premiumstufe; FÜR MEHR TIERSCHUTZ – tierschutzlabel.info Einstiegsstufe	14 GESCHÜTZTE GEOGRAFISCHE ANGABE	15 GESCHÜTZTE URSPRUNGSBEZEICHNUNG

15 Gütesiegel, Logos und Symbole

Aufgabe 1: *Was erwartest du bei den verschiedenen Logos von einem Produkt? Trage deine Überlegungen in die untere Tabelle ein.*

1	
2	
3	
4	
5	
6	
7	
8	
9	
10	
11	
12	
13	
14	
15	

Aufgabe 2: *Beeinflussen diese Logos deine Kaufentscheidung? Begründe schriftlich.*

Aufgabe 3: *Welche Bedeutung hat für dich der Preis im Zusammenhang mit den Logos. Notiere deine Überlegungen.*

PA **Aufgabe 4**: *Sucht weitere Logos und bewertet ihre Aussagekraft oder ihre Werbewirksamkeit. Schreibe deine Gedanken auf.*

KOHL VERLAG Lebensmitteleinkauf Ernährungsbezogenes Wissen vermitteln – Bestell-Nr. 13 021

16 Was bedeuten die E- Nummern?

Ein vielfältiges, preiswertes Angebot an Lebensmitteln mit langer Haltbarkeit, gleichbleibendem Aussehen und Geschmack, sowie bestimmten küchentechnischen Eigenschaften, ist nur mit **Zusätzen und großindustrieller Fertigung** möglich. Je nach Verwendungszweck werden die **Zusatzstoffe** in verschiedene Klasse eingeordnet und mit einer **E- Nummer** versehen.

Von E 100 bis E 1521 gibt es rund 320 verschiedene zugelassene Zusatzstoffe.

Aufgabe: *Hier findest du waagerecht und senkrecht 27 verschiedene Verwendungszwecke von Zusatzstoffen. Markiere diese Begriffe.*

Antioxidationsmittel – Feuchthaltemittel – Säuerungsmittel – Süßungsmittel – Trägerstoffe – Emulgatoren – Konservierungsstoffe – Farbstoffe – Schmelzsalze – Packgase – Schaummittel – Trennmittel – Backtriebmittel – Verdickungsmittel – Treibgase – Festigungsmittel – Säureregulatoren – Füllstoffe – Stabilisatoren – Mehlbehandlungsmittel – Komplexbildner – Geschmacksverstärker – Schaumverhüter – Geliermittel – Modifizierte Stärke – Kontrastverstärker – Überzugsmittel

S	F	D	R	T	E	W	Q	G	H	Z	B	J	K	O	P	L	M	X	A	Y	S	E	V	G	C	R	F	D
K	U	F	S	D	W	K	O	N	S	E	R	V	I	E	R	U	N	G	S	S	T	O	F	F	E	P	K	M
F	A	E	S	R	T	D	E	A	Q	Y	H	S	B	K	I	H	S	Z	B	H	O	P	V	B	F	F	O	S
A	N	U	Ä	S	R	F	M	R	O	F	I	C	H	P	U	J	C	S	A	W	T	X	B	T	E	C	N	T
D	T	C	U	Ü	Ä	B	U	H	E	A	I	H	G	A	T	F	H	C	X	W	R	C	A	R	S	S	T	G
F	I	H	E	ß	G	D	L	F	Z	R	U	M	I	C	O	P	A	F	S	A	E	V	C	E	T	S	R	H
R	O	T	R	U	E	G	G	H	U	B	B	E	N	K	C	X	U	S	Y	Q	N	A	K	I	I	I	A	I
T	X	H	U	N	R	H	A	J	R	S	T	L	L	G	K	E	M	R	S	A	N	D	T	B	G	I	S	J
B	I	A	N	G	S	F	T	G	D	T	C	Z	W	A	Y	A	M	I	H	N	M	O	R	G	U	O	T	O
Z	D	L	G	S	T	Q	O	A	S	O	H	S	C	S	F	E	I	R	I	L	I	P	I	A	N	L	V	L
K	Λ	T	S	M	O	H	R	S	A	F	B	A	S	Z	A	S	T	R	M	Z	T	V	E	S	G	Z	E	P
N	T	E	M	I	F	D	E	C	D	F	H	L	V	N	X	F	T	F	O	T	T	K	B	E	S	P	R	D
M	I	M	I	T	F	T	N	R	H	E	G	Z	N	K	L	O	E	B	L	R	E	H	M	D	M	Ü	S	V
O	O	I	T	T	E	Z	X	F	R	T	D	E	R	F	T	U	L	V	G	X	L	S	I	F	I	P	T	E
K	N	T	T	E	U	I	G	T	N	U	O	L	G	F	R	S	A	K	N	M	L	I	T	T	T	P	Ä	R
G	S	T	E	L	H	G	S	Ä	U	R	E	R	E	G	U	L	A	T	O	R	E	N	T	L	T	E	R	D
D	M	E	L	K	M	N	G	Z	U	I	V	B	X	D	C	E	W	A	M	K	N	U	E	C	E	F	K	I
R	I	L	D	T	F	Ü	L	L	S	T	O	F	F	E	X	T	G	H	U	I	Z	Y	L	V	L	R	E	C
S	T	S	G	F	R	T	E	C	V	B	K	J	I	H	Z	G	T	F	R	A	Y	X	M	N	O	I	R	K
W	T	A	S	X	M	E	H	L	B	E	H	A	N	D	L	U	N	G	S	M	I	T	T	E	L	D	F	U
A	E	K	O	N	T	F	R	K	O	M	P	L	E	X	B	I	L	D	N	E	R	E	C	F	G	H	U	N
C	L	S	N	U	I	E	R	T	S	D	B	H	K	L	O	G	P	Y	W	V	M	K	I	L	O	P	C	G
B	A	N	E	G	E	S	C	H	M	A	C	K	S	V	E	R	S	T	Ä	R	K	E	R	I	U	A	C	S
K	A	S	V	B	H	S	C	H	A	U	M	V	E	R	H	Ü	T	E	R	A	Q	F	T	R	K	C	S	M
I	S	U	M	G	M	I	L	D	G	E	L	I	E	R	M	I	T	T	E	L	X	O	T	R	S	K	C	I
G	S	A	Q	M	O	D	I	F	I	Z	I	E	R	T	E	S	T	Ä	R	K	E	T	H	G	B	G	N	T
R	U	Z	S	T	A	B	I	L	I	S	A	T	O	R	E	N	G	I	O	L	G	F	T	Z	U	A	C	T
F	W	F	Z	T	W	K	I	J	B	C	Ü	B	E	R	Z	U	G	S	M	I	T	T	E	L	D	S	T	E
B	F	H	Z	O	I	L	K	D	S	W	A	C	X	V	B	H	U	I	K	O	L	M	N	G	U	E	I	L

Lebensmitteleinkauf
Ernährungsbezogenes Wissen vermitteln – Bestell-Nr. 13 021
KOHL VERLAG

17 Süß, mit und ohne Zucker

Zucker ist Zucker, oder etwa nicht? **Zucker hat viele Namen** und das macht sich die Industrie zu Nutzen. Neben Zucker gibt es außerdem noch verschiedene Süßungsmittel.
„Zucker, Zuckeraustauschstoffe, Süßstoffe, süßende Zutaten, Zuckerarten" – bei den verschiedenen Bezeichnungen für Süßmacher in verarbeiteten Lebensmitteln kann man schnell den Überblick verlieren.

Folgende Bezeichnungen weisen auf den Zusatz von Zucker oder einer Form von Zucker hin:

Traubenzucker	Glucose	Dextrose
Fruchtzucker	Fructose	Lactose
Milchzucker	Saccharose	Malzzucker
Maltose	Glucose-Fructose-Sirup	Fructosesirup
Isoglucose	Maltodextrin	Honig
Glucosesirup	Rohrzucker	Rüberzucker
Dicksäfte	Pflanzensirup	Invertzuckersirup
Schleimzucker	Galactose	Süßmolkenpulver

Süßungsmittel gehören zu den Zusatzstoffen und müssen im Zutatenverzeichnis mit Klassennamen und E-Nummer aufgelistet werden. Man unterscheidet zwischen Süßstoffen und Zuckeraustauschstoffen. Süßstoffe sind praktisch kalorienfrei. Zuckeraustauschstoffe liefern weniger Kalorien als Zucker, haben eine geringere Süßkraft und wirken in großen Mengen abführend.

In der EU sind acht Zuckeraustauschstoffe zugelassen:

Sorbit	(E 420)	Mannit	(E 421)
Isolmalt	(E 953)	Polyglycitolsirup	(E 964)
Maltit	(E965)	Lactit	(E 966)
Xylit	(E 967)	Erythrit	(E 968)

Lebensmitteleinkauf
Ernährungsbezogenes Wissen vermitteln – Bestell-Nr. 13 021
KOHL VERLAG

17 Süß, mit und ohne Zucker

Süßstoffe haben eine 30 – 37.000-fach höhere Süßkraft als Haushaltszucker. Sie enthalten gar keine oder nur sehr wenige Kalorien.

In der EU sind zwölf Süßstoffe als Zusatzstoff zugelassen:

Acesulfam-K (E 950)	Aspartam (E 951)
Cyclamat (E 952)	Saccharin (E 954)
Sucralose (E 955)	Thaumatin (E 957)
Neohesperidin DC (E 959)	Steviolglycoside aus Stevia (E 960a)
Enzymatisch hergestellte Stevioglycoside (E 960c)	Neotam (E 961)
Aspartam-Acesulfam-Salz (E 962)	Advantam (E 969)

Aufgabe 1: *Sammelt möglichst viele verschiedene Lebensmittelverpackungen. Achtet darauf, dass nicht nur süße Produkte Zucker und andere Süßungsmittel enthalten. Beachtet dabei auch die Nährwertangaben. Unter Kohlenhydrate befindet sich die Angabe – „davon Zucker“.*

Aufgabe 2: *Womit sind Produkte gesüßt, die folgende Aufdrucke haben: „zuckerfrei“, „zuckerarm“, „ohne Zuckersatz alternativ gesüßt“, „Süße aus Früchten“.*

Aufgabe 3: *Erstelle eine Liste mit verschiedenen Lebensmitteln und Getränken und notiere dir den Zuckergehalt in 100 g / ganzer Packung. Die Gruppe/Klasse schätzt die Zuckermenge in Form von Zuckerwürfeln (1 Zuckerwürfel wiegt ca. 3 Gramm).*

Aufgabe 4: *Sammelt gemeinsam Vorschläge, wie man den Konsum von Zucker und anderen Süßungsmitteln reduzieren könnte.*

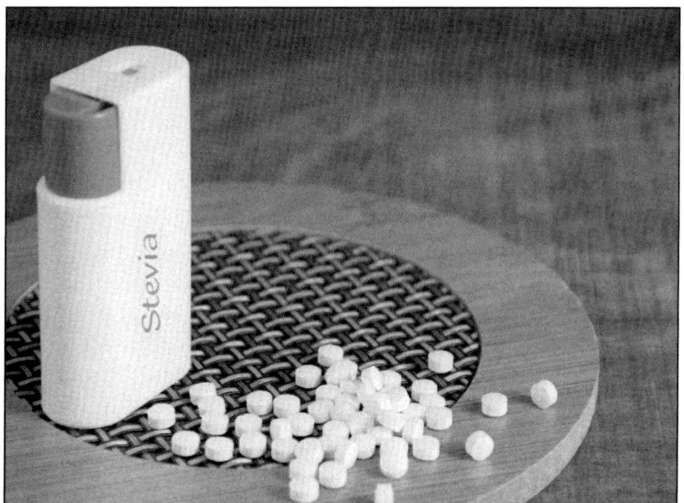

KOHL VERLAG Lebensmitteleinkauf Ernährungsbezogenes Wissen vermitteln – Bestell-Nr. 13 021

18 Was bedeutet der Stempel auf dem Ei?

Die Kennzeichnung der Eier ist EU-weit verbindlich geregelt.
Der Erzeugercode ist folgendermaßen aufgebaut:

1. Haltungsform
2. Mitgliedsstaat (Herkunft)
3. Identifizierung des Betriebes (Kennnummer Bundesland; Betriebsnummer; Stallnummer)

1. Code für die Haltungsform

- 0 = Ökologische Erzeugung
- 1 = Freilandhaltung
- 2 = Bodenhaltung
- 3 = Käfighaltung

2. Ländercode (Herkunft)

Zwei Buchstaben für den EU-Mitgliedsstaat, in dem das Ei produziert wurde.

- DE = Deutschland
- NL = Niederlande
- BE = Belgien

3. Identifizierung des Betriebs

Der Erzeugerbetrieb ist anhand der Nummer zu identifizieren. Die beiden ersten Stellen stehen für das Bundesland, die dritte bis sechste Stelle steht für den Betrieb und die siebte Stelle für den jeweiligen Stall.

Beispiel für einen deutschen Erzeugercode: 1-DE-0512342

1 = Freilandhaltung • DE = Deutschland • 05 = NRW • 1234 = Betrieb • 2 = Stall

Auf der Verpackung befinden sich außerdem Angaben zu Anzahl der Eier, Güteklasse, Gewichtsklasse, Mindesthaltbarkeitsdatum und die Packstellennummer. Vorgeschrieben ist auch der Hinweis „Bei Kühlschranktemperatur aufbewahren – nach Ablauf des Mindesthaltbarkeitsdatum durcherhitzen“.

__Aufgabe 1__: *Bringt einige Eier von möglichst verschiedenen Händlern mit.*
Auf der folgenden Seite findet ihr nähere Angaben über den Betrieb.
www.was-steht-auf-dem-ei.de

__Aufgabe 2__: *Wie erkennt man ein frisches Ei? Macht mit einem frischen und einem alten Ei folgende Tests. Schreibt eure Beobachtungen auf.*

1) Schütteltest
2) Lichttest (Mit Taschenlampe durchleuchten)
3) Wassertest (In ein Glas kaltes Wasser legen)
4) Aufschlagtest (Auf einen Teller aufschlagen)

__Aufgabe 3__: *Wie erkennt man, ob ein Ei roh oder gekocht ist?*

GA

__Aufgabe 4__: *Außer für das Frühstücksei gibt es viele weitere Verwendungsmöglichkeiten für Eier. Stellt eine kleine Sammlung an Eierrezepten zusammen.*

19 Was versteht man unter „Light-Produkten“?

Bei dem Versuch sich gesünder zu ernähren, greift man gerne mal zu den sogenannten **„Light-Produkten“**. Hier lohnt es sich aber genauer hinzusehen. Bei vielen dieser Produkte erkaufen wir die versprochene Ersparnis mit ungesunden Fetten, viel Zucker, umstrittenen Süßstoffen oder Zusatzstoffen. Zucker und Fett lassen sich selten ersatzlos verringern. Die Rezepturen werden so verändert, dass Geschmack und Konsistenz mit normalen Produkten vergleichbar sind.

30 % weniger – aber als was? Wovon? Wird z. B. ein „Frischkäse leicht“ mit „30 % weniger Fett“ ausgewiesen, dann muss sich die Angabe nur an marktüblichen Produkten orientieren. Diese können auch von anderen Herstellern sein.

Fett ist ein wichtiger Geschmacksträger. In der Light-Variante wird daher zur Geschmacksverbesserung häufig mehr Zucker zugesetzt. Unterm Strich hat man so aber nichts an Energie gespart. Außerdem benötigt der Körper verschiedene gesunde Fettsäuren (einfach und mehrfach ungesättigte Fettsäuren). Diese fehlen oft ganz und es sind nur noch ungesunde gesättigte Fettsäuren als Geschmacksträger enthalten.

Je geringer der **Energiegehalt** eines Lebensmittels ohnehin schon ist, desto weniger wirkt sich die Fettreduktion aus. Bei einem Joghurt mit einem Milchfettanteil von 3,5 % macht die Reduzierung auf 1,5 % Fett nur eine geringfügige Kalorienersparnis aus.

Bei Keksen oder Müsli mit „weniger Zucker“, oder „zuckerfrei“ tappt man schnell in die Kalorienfalle. Der einfache Haushaltszucker darf z. B. durch Maltodextrin ausgetauscht werden. **Zuckeraustauschstoffe** haben eine geringere Süßkraft und müssen daher in größeren Mengen zugesetzt werden, der Energiegehalt bleibt also gleich.

Süßstoff steht im Verdacht, Heißhunger zu verursachen. Nicht ohne Grund werden Süßstoffe in der Schweinezucht dem Futter zur Appetitförderung zugesetzt.

Oft enthalten **„Light-Produkte“** viel Wasser als Füllstoff. Um die gewohnte Konsistenz oder eine homogene Masse zu erhalten, werden Emulgatoren zugesetzt. Aromastoffe und Hefeextrakte sorgen für mehr Geschmack.

Aufgabe 1: *Vergleiche die Preise von einem herkömmlichen Produkt mit einem Light- Produkt. Darunter fallen alle Produkte mit der Bezeichnung „Balance“, „Zero“ „Diät“, „weniger süß“, „fettarm“, „zuckerarm/zuckerfrei“, „energiearm“ … Schreibe deine Beobachtungen auf.*

Aufgabe 2: *Wie bewertest du den regelmäßigen Verzehr von Light- Produkten im Hinblick auf eine gesunde Ernährung? Notiere deine Gedanken.*

Aufgabe 3: *Wie stellst du dir eine gesunde Ernährung vor? Schreibe deine Ideen dazu auf.*

KOHL VERLAG Lebensmitteleinkauf
Ernährungsbezogenes Wissen vermitteln – Bestell-Nr. 13 021

20 Fantasievolle Produktnamen und andere Tricks

Viele Angaben auf Lebensmitteln können völlig **falsche Erwartungen** wecken. Informationen zu Lebensmitteln dürfen nicht täuschen. Doch es gibt Interpretationsspielraum.

„Körnerbrot" kann man leicht für Vollkornbrot halten. Produkte mit der Bezeichnung „Mehrkornbrötchen", „Vierkornbrot" oder „Kornvital" müssen nicht aus Vollkornmehl hergestellt sein. Oft bestehen sie nur aus hellen Mehlen, die mit Körnern, Ölsaaten und Samen dekoriert sind. Ein Vollkornprodukt muss zu 90 % aus Vollkorn bestehen.

Analogkäse ist ein Käseimitat, das nichts mehr mit Käse zu tu hat. Er besteht nicht oder nur zu einem ganz geringen Teil aus Milch. Dieses Produkt darf nicht als „Käse" bezeichnet werden. Täuschend echt wird er als „Pizza-Mix" oder als „"Gratin-Mix" vermarktet. Das Milchfett wird durch deutlich günstigeres Pflanzenfett oder tierisches Fett ersetzt.

Schöne Bilder auf der Verpackung und Begriffe wie „Hofkäse", „Bergbauernmilch", „Alpenmilch", oder „Weidemilch" erwecken den Eindruck, ein Produkt vom Erzeugerbetrieb, mit artgerechter Tierhaltung zu erwerben. Der Blick auf die Verpackung ist oft ernüchternd.

Griechischem Schafskäse sieht Hirtenkäse oder Käse in Salzlake zum Verwechseln ähnlich. Wenn keine bestimmte Tierart angegeben ist, handelt es sich meist um eine preiswerte Variante aus Kuhmilch. Feta ist dagegen eine geschützte Ursprungsbezeichnung und enthält Schafsmilch und höchstens 30 Prozent Ziegenmilch.

Werden **Zitrusfrüchte** als „unbehandelt" ausgezeichnet, besagt diese Angabe nur, dass die Früchte nach der Ernte nicht konserviert oder gewachst wurden. Während des Wachstums können diese Früchte sehr wohl mit Pflanzenschutzmitteln behandelt worden sein.

Bei **„schwarzen Oliven"** handelt sich nicht immer um natürlich gereift Oliven, sondern häufig auch um schwarz gefärbte grüne Oliven. So kann man den langen Reifungsprozess umgehen. In der Zutatenliste findet sich dann der Hinweis auf die Zusatzstoffe E 579 oder E585. An einem dunklen Kern kann man echte schwarze Oliven erkennen.

In **Wasabipaste** steckt häufig normaler Meerrettich und nur ein Hauch Wasabi. Da sich Wasabi schwer kultivieren lässt, ist er teuer. Mit Hilfe von Farbstoffen oder färbenden Lebensmitteln bekommt die Paste ihre grüne Farbe.

Frühstücksflocken, Flakes, Pops usw. sind häufig echte Fett- und Zuckerbomben, die unnötig mit Vitaminen und Minerastoffen angereichert sind. Portionsgrößen, an denen man den Energiegehalt ermittelt, sind oft unrealistisch klein und werden dadurch „schlank gerechnet".

„Imkerhonig" weckt mit regionalen Adressen und Abbildungen den Anschein vom regionalen Erzeuger zu stammen. Oft handelt es sich hierbei aber nur um den Abfüllerbetrieb. Der Honig kann aus der ganzen Welt stammen. Die Angaben zum Herkunftsland befinden sich im Kleingedruckten auf der Rückseite versteckt.

PA

Aufgabe 1: *Sucht gemeinsam weitere Beispiele. Was fällt z. B. bei Smoothies oder Fruchtsäften auf, wenn man die Zutatenliste liest? Schreibt eure Beobachtungen auf.*

Aufgabe 2: *Bei welchen Lebensmitteln wird besonders häufig mit solchen Tricks gearbeitet? Notiere deine Gedanken.*

Aufgabe 3: *Ist dies häufiger in der unteren, oder in der oberen Preisklasse zu beobachten? Schreibe deine Überlegungen auf.*

KOHL VERLAG Lebensmitteleinkauf Ernährungsbezogenes Wissen vermitteln – Bestell-Nr. 13 021

21 Hintergrundinformationen und Lösungsvorschläge

1. Welcher Einkaufstyp bist du?

Aufgabe 1: individuelle Lösung

2. Werbung – „Ich bin doch nicht blöd!"

Aufgabe 1 - 6: individuelle Lösung

3. Werbe-Slogan die ins Ohr gehen

Aufgabe 1 - 2: individuelle Lösung

Zusatzinfos:

Die psychologische Wirkung von Farben spielt in der Werbung eine bedeutende Rolle.

Orange wird unbewusst sofort als Werbung erkannt und oft mit billig / günstig assoziiert. Es ist die Farbe der Kreativität und Aktivität und steht für Wärme und Energie.

Rot steht für Dynamik, Aktivität, Wärme und Leidenschaft. Die meisten Ausverkaufspreise sind als Handlungsaufforderung rot. Rot hat eine appetitanregende Wirkung.

Gelb steht für Heiterkeit, gute Laune, Lebensfreude und Optimismus.

Blau steht für Vertrauenswürdigkeit, Seriosität und Sachlichkeit. Die bläuliche Färbung von Eis und Wasser wird als kühl empfunden und daher auch für Kühlprodukte verwendet.

Grün ist die Farbe der Hoffnung und hat eine beruhigende, junge und frische Ausstrahlung.

Schwarz symbolisiert Stärke und Stabilität. Schwarz eignet sich gut für Schrift und wirkt als Farbe edel und modern.

Weiß wirkt sauber und rein und wird als Farbe des Lichts mit Unschuld und Vollkommenheit verbunden.

Grau wirkt neutral, zurückhaltend, seriös und wirkt durch die Ähnlichkeit mit Metall edel.

Violett wird mit Spiritualität in Verbindung gebracht und gilt als mystische, luxuriöse Farbe.

Braun strahlt Wärme und Geborgenheit aus und kann eine gemütliche und gesellige Atmosphäre schaffen. Braun wirkt natürlich und bodenständig.

Rosa gilt als typisch weibliche und mädchenhafte Farbe und wirkt verspielt und jugendlich.

4. Mit dem Einkaufszettel Geld sparen

Aufgabe 1: individuelle Lösung

a) hungrig einkaufen gehen

b) ohne Einkaufszettel einkaufen

c) keine Speiseplanung

d) fehlender Überblick über vorhandene Vorräte

e) Werbung

g) Präsentation im Laden

i) Lautsprecherdurchsagen usw.

KOHL VERLAG Lebensmitteleinkauf Ernährungsbezogenes Wissen vermitteln – Bestell-Nr. 13 021

4. Mit dem Einkaufszettel Geld sparen

Aufgabe 2: mögliche Lösung

Januar: Kartoffel- Lauchcreme-Suppe mit (wahlweise geröstete Brotwürfel, Räucherlachs oder Siedewurst) mit Vollkornbrötchen Gemüseauflauf mit Kartoffelpüreedecke, Feldsalat	**Februar:** Schupfnudelpfanne mit Spitzkohl Rosenkohl-Curry mit Hähnchen/Sellerie-Schnitzel mit Feldsalat
März: Erbsenfrittata mit Schinkenwürfel/ Lauchkuchen Möhren-Pommes mit Kräuterquark	**April:** Gnocchi mit Bärlauchpesto, grünem Spargel und Kirschtomaten Seelachsfrikassee/bunte Gemüsefrikadellen
Mai: Rucola- Erdbeersalat mit krossen Brotchips Kichererbsen-Pfanne mit Spinat	**Juni:** Quiche mit Brokkoli und Feta Pfannkuchen mit grünem Spargel/ Mediterrane Mangoldpfanne
Juli: Griechischer Bohnensalat mit Oliven, Tomaten und Tzatziki Bunter Salat mit Cevapcici und Brot	**August:** Blumenkohltaler mit Kräuterquark Sommer-Frittata
September: Zwetschgenknödel mit Vanille- Schmand Spätzle-Pfanne mit Chinakohl und Hackbällchen/Pasta mit Mangold und Chili-Croutons	**Oktober:** Gefüllter Butternut-Kürbis Maultaschenpfanne mit Wirsing
November: Flammkuchen mit Birne, Radicchio und Walnüssen Winterliches Ofengemüse mit Humus	**Dezember:** Wintergemüse-Pommes mit Quark- Dip Wirsingeintopf und Bratapfel mit Vanillesoße

Aufgabe 3: Sie sind frisch geerntet, das merkt man am Geschmack. Der Preis ist niedriger und die landwirtschaftlichen Betriebe der Region werden unterstützt. Importware mit langen Transportwegen über Schiff oder Flugzeug verursachen umweltschädliche Treibhausgase.

Aufgabe 4: Aus ökologischer Sicht ist das nicht gut. Aber auch der Geschmack lässt bei Importware manchmal zu wünschen übrig, das kann man besonders bei Obst feststellen. Erdbeeren die an der Pflanze ausreifen, haben einen besseren Geschmack. Für lange Transportwege werden leichtverderbliche Früchte unausgereift geerntet. In Spanien bereitet der intensive Anbau u. a. von Erdbeeren massive Probleme bei der Wasserversorgung vor Ort. Naturschutzgebiete drohen auszutrocknen.

Aufgabe 5: https://www.fairtrade-deutschland.de

https://www.plan.de/magazin/artikel/menschen-und-projekte/geschuetzt-arbeiten-auf-der-bananen-plantage.html

https://www.wwf.de/zusammenarbeit-mit-unternehmen/edeka/edeka-und-bananen/nachhaltiger-bananenanbau-in-kolumbien

KOHL VERLAG Lebensmitteleinkauf Ernährungsbezogenes Wissen vermitteln – Bestell-Nr. 13 021

Hintergrundinformationen und Lösungsvorschläge

7. Inhalt und Preis im Vergleich

Aufgabe 1+2:

Kräuterfrischkäse 300 g ≙ 1,49 € Kilopreis: 1000 g ≙ 4,97 €		Kräuterfrischkäse 175 g ≙ 1,85 € Kilopreis: 1000 g ≙ 10,58 €
Käse 300 g ≙ 2,99 € Kilopreis: 1000 g ≙ 7,97 €		Käse 400 g ≙ 2,99 € Kilopreis: 1000 g ≙ 7,48 €
Fleischwurst 80 g ≙ 1,99 € Kilopreis: 1000 g ≙ 24,88 €		Fleischwurst 150 g ≙ 1,19 € Kilopreis: 1000 g ≙ 7,94 €
Margarine 450 g ≙ 3,49 € (1,49 €) Kilopreis: 1000 g ≙ 7,76 €		Margarine 500 g ≙ 1,69 € Kilopreis: 1000 g ≙ 3,38 €
Vollkornbrot 500 g ≙ 1,89 € Kilopreis: 1000 g ≙ 3,78 €		Vollkornbrot 250 g ≙ 1,39 € Kilopreis: 1000 g ≙ 5,56 €
Naturjoghurt 200 g ≙ 0,69 € Kilopreis: 1000 g ≙ 3,45 €		Naturjoghurt 4 x 150 g ≙ 1,09 € Kilopreis: 1000 g ≙ 1,82 €

Aufgabe 3: individuelle Lösung

Zusatzinfos:

Die Grundpreisauszeichnung ist bei fast allen Lebensmitteln Pflicht.

Kein Grundpreis ist erforderlich:

- bei Waren, die als Stück verkauft werden. (z. B. Brötchen, Gurken usw.)
- bei Produktmengen bis zu 10 Gramm oder 10 Milliliter.
- bei Artikeln aus Getränke- und Verpflegungsautomaten.
- bei Waren kleiner Direktvermarkter.
- wenn Grundpreis und Endpreis identisch sind, z. B. ein Liter Milch.

https://www.galileo.tv/life/no-name-produkte-beim-discounter-markenware-muss-nicht-teuer-sein/

Es ist immer wieder festzustellen, dass es durch eine reduzierte Füllmenge zu verdeckten Preiserhöhungen kommt.

Kleine Portionspackungen sind im Grundpreis meistens teurer.

Laut Stiftung Warentest bringen Preisvergleichs -Apps bis zu 12 % Ersparnis.

Möglichst unverarbeitete Lebensmittel kaufen und frisch zubereiten. Fertiggerichte sind teurer und haben einen deutlich geringeren Nährstoffgehalt.

8. Planänderung im Supermarkt

Aufgabe 1: mögliche Lösung

- Hackfleisch für Frikadellen
- Grünkern (geschrotet) für Grünkern-Bratlinge
- 1 Hähnchenbrustfilet für Geschnetzeltes

Aufgabe 2: mögliche Lösung

a) Frikadellen mit Kartoffel- Gurkensalat, oder Blumenkohl und Kartoffelpüree/ Frikadellen mit Gemüsestücken gefüllt dazu Bratkartoffeln

b) Spaghetti Bolognese mit Vollkornnudeln und Tomatensalat

c) Königsberger Klopse mit Vollkornreis und Rote-Bete-Salat, oder Erbsen und Kartoffelpüree

d) Gefüllte Paprika mit Vollkornreis

e) Pide mit Hackfleisch-Spinatfüllung dazu Krautsalat

f) Chili con Carne mit Vollkornbrötchen

g) Lasagne mit viel Gemüse in der Füllung

Aufgabe 3:

a) Handelt es sich um Lebensmittel die ich regelmäßig verwende, kann sich eine Großpackung lohnen. Es dürfen aber keine leichtverderblichen Lebensmittel sein. Man sollte aber bedenken, dass man evtl. auch mehr isst.

b) Es kann durchaus sein, dass es nur eine geringfügige, bzw. gar keine Ersparnis darstellt.

c) Es lohnt sich die Marken zu vergleichen. Andere Marken und Hausmarken können einen besseren Preis haben. Die Qualität ist laut Stiftung Warentest nicht schlechter als die der teureren Markenware.

d) Es erfordert schon viel Selbstbeherrschung, die Vorräte an Süßigkeiten und Knabbergebäck nicht innerhalb kurzer Zeit zu verzehren. Wenn man sich den Kauf mit Freunden teilen kann, ist eine Großpackung evtl. vorteilhaft.

e) Vorausgesetzt man hat ausreichend Platz, um Vorräte dunkel und kühl zu lagern, dann können Konserven, Kaffee, Tee, Essig, Öl, Senf; Ketchup, Marmelade, Honig, Säfte, Reis, Nudeln, Hülsenfrüchte, Mehl, Zucker, Salz usw. in größerer Menge gekauft werden.

Aufgabe 4: Tiefkühlgemüse und Tiefkühlobst wird gleich nach der Ernte verarbeitet und sofort eingefroren. So bleiben möglichst viele Inhaltsstoffe erhalten. Im Vergleich mit überlagerter und teurer Frischware sind die Tiefkühlprodukte eine gute Alternative. Außerdem erspart man sich das Putzen. Handelt es sich aber um Fertiggerichte, wurde der Inhalt erhitzt und mit Gewürzen und Zusatzstoffe versehen.

Hintergrundinformationen und Lösungsvorschläge

9. Mein Weg durch den Supermarkt

Aufgabe 1 a:

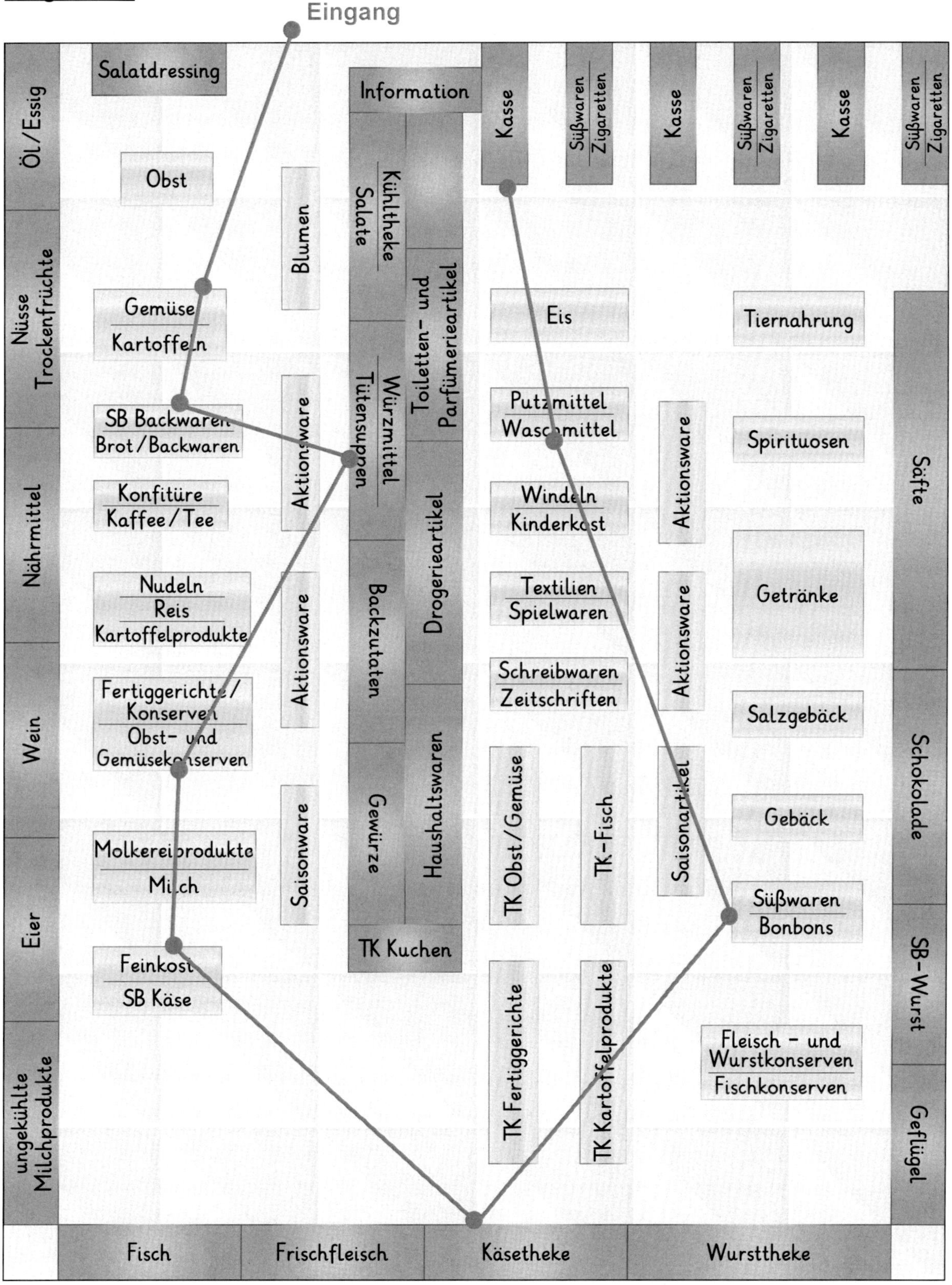

Lebensmitteleinkauf
Ernährungsbezogenes Wissen vermitteln – Bestell-Nr. 13 021
KOHL VERLAG

10. Verkaufsstrategien kennen und Geld sparen

Aufgabe 1+2: individuelle Lösungen

a)	**Grundnahrungsmittel** wie Milch, Obst, Fleisch oder Getränke sind gezielt über den gesamten Markt verteilt. Auch wenn ich nur wenige Teile einkaufen möchte, muss ich fast an allen Regalen vorbei. Nur wer viel sieht, kauft auch mehr.
b)	Auf diese Weise verlangsamt man unbewusst das Tempo und der Kunde bleibt länger im Laden.
c)	Für die **Auswahl an Obst und Gemüse** braucht man etwas Zeit. Das verlangsamt das Tempo und man bummelt sofort langsamer durch den Laden. Außerdem regen die Farben von Obst und Gemüse den Appetit an. Manchmal täuschen auch Spiegel über der Ware, eine größere Warenmenge vor.
d)	Solche **„Stopper“** sollen das Tempo aus dem Weg durch den Laden nehmen. Hier werden einzelne Produkte in großen Mengen präsentiert. Dem Kunden wird signalisiert: Hier ist etwas besonders günstig. Da greift man schnell zu. Dann landet nicht nur eine Tafel Schokolade, sonders gleich ein paar mehr im Einkaufswagen. Hier bekommt man gelegentlich auch eine Kostprobe angeboten. Manche Kunden fühlen sich dann verpflichtet etwas zu kaufen.
e)	Selbst wenn man viel Ware im **Einkaufswagen** hat, erscheint der Wagen nicht voll. Am Haltegriff ist der Wagen etwas abfallend. So rutschen kleine Artikel an den Rand und aus dem Sichtfeld. Für einen kleinen Einkauf reicht ein Einkaufskorb, so ist die Versuchung, mehr zu kaufen als nötig, nicht so groß.
f)	Die **Musik** darf nicht zu laut sein, sonst würden wir sie als störend empfinden. Die Musik ist auf das Publikum abgestimmt. Am Vormittag gehen mehr Rentner einkaufen. Am Nachmittag gehen mehr Familien und Berufstätige in den Supermarkt, dann gibt es eine andere Musikauswahl.
g)	**Dezenter Duft** veranlasst uns genauer hinzuschauen. Je nach Jahreszeit gibt es im Supermarkt verschiedene Düfte. Kaffeearoma, der Duft nach frischgebackenem Brot, Zitrusduft an der Fischtheke oder weihnachtliche Gewürze im Winter sprechen unser Unterbewusstsein an. Vor dem Laden fragt man sich dann, warum man das jetzt gekauft hat.
h)	Im **richtigen Licht** wirkt alles gleich viel appetitlicher. Obst und Gemüse wirken in warmem Licht frischer. In der Fleischabteilung ist das Licht etwas rötlich. So sehen auch blasse Fleischstücke frisch und saftig aus. Sind aber einzelne Bereiche zu dunkel, dann fühlt sich der Kunde nicht so wohl und meidet diese Bereiche des Ladens.
i)	Die **Sichtzone** (140 – 180 cm) wird am meisten beachtet. Hier befinden sich die teuersten Artikel und Markenprodukte. In der **Greifzone** (60 – 140 cm) werden z. B. Neuheiten angeboten. Die **Bückzone** (bis 60 cm) und die **Reckzone** (mehr als 180 cm) werden am wenigsten beachtet. Hier befinden sich die preiswerteren Artikel. Aber auch ganz am linken Rand sind preiswerte Artikel zu finden. Am rechten Rand ist die teurere Ware.
j)	In der **Kassenzone** muss der Kunde zwangsläufig an „Quengelware“ und „Impulswaren“ vorbei. Dazu gehören Zeitschriften, Zigaretten und Batterien. Hier sind dann auch Süßigkeiten, Kaugummis und Bonbons für Kinder platziert. Viele Eltern geben in der Wartezeit dem Quengeln der Kinder nach. Bis zu 5 % des Umsatzes macht der Handel in der Kassenzone.

Zusatzinfos:

Außerdem sollte man beachten, dass ein rotes Preisschild nicht automatisch einen günstigen Preis garantiert.

Lebensmitteleinkauf
Ernährungsbezogenes Wissen vermitteln – Bestell-Nr. 13 021
KOHL VERLAG

Hintergrundinformationen und Lösungsvorschläge

11. Was muss auf der Verpackung stehen?

Aufgabe 1: a) Mit Namen und Anschrift der Firma, Erzeuger oder Abfüllbetrieb, haben wir die Information über die Produktverantwortlichen.

Zusatzinfos:

Produktverantwortliche – Die Herstellerangabe informiert, wer für die Sicherheit und Qualität des Produktes verantwortlich ist. Anhand der Losnummer ist eine Warenpartie bis zum Erzeuger rückverfolgbar. Bei Reklamationen kann Fehlern betriebsintern nachgegangen werden.

b) Auf dem Zutatenverzeichnis werden alle Zutaten, geordnet nach ihrem Gewichtsanteil, aufgeführt. Zusätzlich sind alle Zusatzstoffe und Aromen aufgeführt. Zutaten die häufig Allergien auslösen, werden hervorgehoben.

Zusatzinfos:

Zutatenverzeichnis – Bei vorverpackten Lebensmitteln müssen grundsätzlich alle Zutaten einschließlich der Zusatzstoffe angegeben werden.

c) Wie viele Kalorien ein Produkt enthält, kann man der Nährwertkennzeichnung entnehmen.

Zusatzinfos:

Nährwertkennzeichnung – bezogen auf 100 Gramm oder 100 Milliliter, in tabellarischer Form: Energiegehalt, Fettgehalt, gesättigte Fettsäuren, Kohlenhydrate, Zucker, Eiweiß, Salz; (Nur bei Platzmangel auf kleinen Verpackungen dürfen die Angaben hintereinander aufgeführt werden.) Vorgeschriebene Mindestschriftgröße von 1,2 Millimeter. Weitere Angaben sind erlaubt: einfach und mehrfach ungesättigte Fettsäuren, Stärke und Ballaststoffe. Vitamine, Mineralstoffe nur, wenn sie mindestens15 % der empfohlenen Tagesdosis in 100 Gramm bzw. Milliliter enthalten.

d) Die Nettofüllmenge nennt den Inhalt ohne Verpackung. Die Angaben sind in Gramm oder Kilogramm, Milliliter oder Liter. Es kann auch eine Stückangabe sein.

Zusatzinfos:

Nettofüllmenge – Die Füllmenge gibt Auskunft über Gewicht, Volumen oder die Stückzahl der abgepackten Ware.

e) Wie lange ein Produkt bei richtiger Lagerung seine spezifischen Eigenschaften behält, kann man dem Mindesthaltbarkeitsdatum/Verbrauchsdatum entnehmen. Bei leicht verderblichen Lebensmitteln wird das Verbrauchsdatum angegeben.

Zusatzinfos:

Mindesthaltbarkeitsdatum/Verbrauchdatum – Das Mindesthaltbarkeitsdatum gibt den Zeitpunkt an, bis zu dem das Lebensmittel bei richtiger Lagerung seine charakteristischen Eigenschaften behält. Bei Lebensmittel mit Verbrauchsdatum die Lagertemperatur beachten. Nach Ablauf des Datums die Produkte nicht mehr essen.

21 Hintergrundinformationen und Lösungsvorschläge

11. Was muss auf der Verpackung stehen?

Aufgabe 1: f) An der Bezeichnung muss man eindeutig erkennen können, um was für ein Produkt es sich handelt.

Zusatzinfos:

Bezeichnung – Die Bezeichnung, früher auch Verkehrsbezeichnung genannt, soll deutlich machen, um was für ein Lebensmittel es sich handelt. Die Bezeichnung muss weder besonders groß noch an prominenter Stelle aufgedruckt sein. Sie muss sich lediglich in demselben Sichtfeld wie die Nettofüllmenge befinden.

Aufgabe 2: Die Pflichtangaben finde ich im Zutatenverzeichnis.

Aufgabe 3: individuelle Lösung

Aufgabe 4: individuelle Lösung

Aufgabe 5: individuelle Lösung

12. Was steht auf der Zutatenliste?

Zusatzinfos:

Unverpackte Waren an Bedientheken sind von der Kennzeichnungspflicht ausgenommen. Nur bestimmte Zusatzstoffe (z. B. „mit Farbstoff"; „mit Phosphat") und Allergene müssen kenntlich gemacht werden.

Es gibt Verarbeitungshilfsstoffe, die vorübergehend bei der Herstellung eingesetzt werden und wieder entfernt werden. Spuren können aber noch enthalten sein. Diese Stoffe werden nicht aufgeführt. Eine Ausnahme sind auch hier die Hauptallergene. Werden Getränke z. B. mit Hühnereiweiß geklärt, muss das angegeben werden.

Aufgabe 1: Die folgenden Lebensmittel und daraus gewonnene Erzeugnisse lösen 90 % aller Lebensmittelunverträglichkeiten aus und sind kennzeichnungspflichtig:

- Glutenhaltige Getreide; Glukosesirup auf Weizen- oder Gerstenbasis; Dextrose
- Krebstiere
- Eier
- Fisch
- Erdnüsse
- Sojabohnen
- Milch und Milchprodukte (einschließlich Laktose)
- Schalenfrüchte (Mandeln, Haselnüsse, Walnüsse, Cashewnüsse, Pecannüsse, Paranüsse, Pistazien, Macadamia- oder Queenslandnüsse)
- Sellerie
- Senf
- Sesamsamen
- Schwefeldioxid und Sulfite (ab 10 mg pro Kg oder Liter)
- Lupinen
- Weichtiere

Hintergrundinformationen und Lösungsvorschläge

12. Was steht auf der Zutatenliste?

Aufgabe 2: individuelle Lösung

Aufgabe 3: individuelle Lösung

13. Mindesthaltbarkeit von Lebensmitteln

Aufgabe 1: mögliche Lösung

a) Zucker, Salz, Gewürze, Reis, Nudeln, Mehl, Konserven in Dosen und Gläsern, Brot, Tiefkühlprodukte, Essig, Öle, Senf, Gewürzsoßen, Konfitüre, Honig, Säfte, Mineralwasser, Milchprodukte wie Joghurt, Quark, Käse, Butter

b) Diese Produkte sind auch über das MHD hinaus noch genießbar, wenn sie ungeöffnet, unbeschädigt und richtig gelagert (kühl und dunkel) werden. Nach dem Öffnen der Verpackung können Sauerstoff, Feuchtigkeit und Mikroorganismen dafür sorgen, dass das Lebensmittel schneller verdirbt. Je weniger Feuchtigkeit ein Lebensmittel enthält, desto schlechter können sich Verderbskeime vermehren.

Zusatzinfos:

Manche dieser Produkte sind nach Tagen oder Wochen noch unbedenklich. Einige sogar Monate und Jahre. Infos dazu gibt die Verbraucherzentrale. Verlässliche Aussage, wie lange bestimmte Lebensmittel nach Überschreiten des MHD noch haltbar sind, lassen sich nicht machen. Das Greenpease-Magazin hat einen Langzeit-Labortest durchgeführt. Dabei waren:

Käsescheiben noch 22 Tage nach Ablauf des MHD`s genießbar.
Salami in Scheiben sogar 85 Tage.

Vollkornreis, Vollkornmehl und Vollkornnudeln enthalten zum Teil noch den Keimling mit natürlichem Fett. Das kann nach einigen Monaten ranzig werden. Bei diesen Produkten, sowie auch bei Eiernudeln und frischer Pasta, sollte man das MHD beachten.

Milchprodukte: Gereifte Produkte wie Joghurt, Quark, Käse, Sauerrahm oder Kefir sind ungeöffnet noch Tage nach dem MHD genießbar, oft auch länger. Durch die Milchsäure haben sie einen natürlichen Säureschutz. Hier lohnt ein Geruch- und Geschmackstest. Auch frische Milch hält oft ein paar Tage länger. Butter kann im Kühlschrank mehrere Wochen lagern. Solange sie nicht ranzig riecht und schmeckt, kann man sie noch essen.

Bei Schokolade kann sich ein heller Belag bilden. Das ist kein Schimmel, sondern der sogenannte Fettreif. Flüssiges Fett aus der Kakaobutter bahnt sich mit der Zeit seinen Weg an die Oberfläche. Bei einer Temperatur über 18C° passiert das besonders schnell. Diese Schokolade ist aber noch genießbar. Eignet sich aber auch gut als Backzutat.

Ob Produkte noch genießbar sind oder nicht, lässt sich mit den eigenen Sinnen überprüfen: Sehen, Riechen und Schmecken – so wird es in der Regel auch bei Lebensmitteln gemacht, die gar kein MHD haben, z. B. bei Obst, Gemüse oder Brot. Ist Schimmel zu erkennen, riecht es unangenehm, schmeckt es säuerlich, prickelt auf der Zunge, oder sieht es unappetitlich aus? Dann Finger weg!

c) Diese abgepackten Produkte sollten spätestens bis zum Verbrauchsdatum verzehrt werden:

Fisch, Räucherfisch, Geflügel, Fleisch, Hackfleisch, Wurst, Rohmilch, küchenfertig abgepackter Salat, Feinkostsalate.

13. Mindesthaltbarkeit von Lebensmitteln

Aufgabe 1: mögliche Lösung

d) Es ist sinnvoll, jeden Artikel einer kurzen Sichtkontrolle zu unterziehen. Findet man bedenkliche Produkte, sollte man diese dem Verkaufspersonal geben, damit sie nicht der nächste Kunde aus Unkenntnis kauft.

- Kaffeepackung fühlt sich weich an – hier ist die Vakuumverpackung undicht, die Packung hat Luft gezogen. Der Kaffee verliert an Aroma.
- Konservendosen sind nach außen gewölbt – hier kann der Grund der Erreger Clostridium botulinum sein, der unter Ausschluss von Sauerstoff ein gefährliches Nervengift bildet.
- In Konservengläsern ist die Flüssigkeit eingetrübt – auch hier vom Verzehr abzuraten. Zuhause sollte man beim Öffnen von Konservengläsern ein Knacken hören. Ein loser Deckel deutet auf einen verdorbenen Inhalt hin.
- In der Tüte von Backzutaten wie Nüsse und Mandel sind Gespinste, kleine Löcher oder Nussmehl (bei ganzen Nüssen) zu sehen – dann sind Schädlinge wie Lebensmittelmotten in der Verpackung.
- In der Wurstpackung sind schmierige Stellen zu sehen – hier ist der Inhalt nicht mehr zum Verzehr geeignet.
- Die Verpackung von Fleisch, Wurst oder Fisch ist stark aufgebläht – das deutet auf einen verdorbenen Inhalt hin.

14. Was bedeutet die Kennzeichnung „Nutri-Score“?

Aufgabe 1: a) individuelle Lösung

b) individuelle Lösung

c) Der Nutri-Score wurde für den Bedarf der Gesamtbevölkerung entwickelt und eignet sich daher nicht Bedarfe spezieller Personengruppen wie z. B. Säuglinge und Kleinkinder. Alkoholhaltige Getränke mit mehr als 1,2 Vol.-Prozent wie z. B. Bier oder Wein werden nicht mit dem „Nurti-Score“ bewertet.

Pro	Contra
Gute Einkaufshilfe – leicht verständliche Nährwertinformation	Nicht alle Nährstoffe berücksichtigt (z. B. Vitamine, Mineralstoffe, Süßungsmittel)
Wissenschaftlich geprüftes Rechenmodell	Verarbeitungsgrad der Zutaten wird nicht berücksichtigt.
Einfache Bewertung und schneller Vergleich innerhalb einer Produktgruppe	Gefahr der Fehlinterpretation – Grün heißt nicht uneingeschränkt gut
Bekanntes Farbleitsystem (Ampel)	Möglicher Wettbewerbsnachteil für frische, lose Lebensmittel
Unterstützt Prävention von Übergewicht	Aspekte der Nachhaltigkeit werden nicht berücksichtigt.
Anreiz zu einer verbesserten Rezeptur	Wegen Freiwilligkeit ist ein Vergleich mit nicht gekennzeichneten Produkten nicht möglich.
Sinnvoll, wenn möglichst alle Unternehmen mitmachen	Keine gezielte Bewertung einzelner Nährstoffe (Zucker, Fett, Energiegehalt)
Große Verbraucherakzeptanz	Gefahr, bei guter Bewertung mehr zu essen
Wird auch in anderen Staaten mit gleichen Kriterien verwendet	Weitere wichtige Angaben werden nicht mehr beachtet

KOHL VERLAG Lebensmitteleinkauf Ernährungsbezogenes Wissen vermitteln – Bestell-Nr. 13 021

Hintergrundinformationen und Lösungsvorschläge

15. Gütesiegel, Logos und Symbol

Aufgabe 1: mögliche Lösung

1	Regionaler Anbau – kein geschützter Begriff, jeder Produzent darf das Regionalfenster nach eigenem Ermessen verwenden. Gibt Auskunft über die Herstellungsregion, den Ort der Verarbeitung, den Anteil der verwendeten regionalen Zutaten und die Kontrollstelle.
2	Bio Ernteverbände – beachten die EU-Öko-Verordnung, allerdings gehen ihre Standards noch darüber hinaus. Die Kriterien sind weitaus strenger. Ernteverband-Betriebe müssen z. B. vollkommen ökologisch arbeiten.
3	Das DLG- Qualitätssiegel ist für Hersteller freiwillig. Bewertet werden Geschmack, Geruch, Aussehen und Konsistenz der Lebensmittel. Das Zeichen dient der Absatzförderung und vermittelt das Gefühl ein hochwertiges Produkt zu erwerben. Über ökologische oder soziale Kriterien gibt es nur eingeschränkt Auskunft.
4	Das sechseckige staatliche Biosiegel (2001) kann zusätzlich zum EU-Bio-Logo verwendet werden. Dieses müssen seit 2010 alle verpackten Bioprodukte tragen. Der Einsatz von Pflanzenschutz- und Düngemitteln, sowie Gentechnik ist verboten. Begriffe wie „kontrollierter Anbau", integrierter Anbau", „naturbewusst" oder „umweltschonend" sind weder geschützt, noch kontrolliert.
5	Seit 2009 wurde vom Bundesministerium für Ernährung und Landwirtschaft das einheitliche Logo „Ohne Gentechnik" initiiert. Das Logo oder der Hinweis „ohne Gentechnik" ist freiwillig und weist Lebensmittel aus, deren Herstellung ohne den Einsatz von Gentechnik erfolgt.
6	Das V-Label gibt es für vegetarische und vegane Produkte, die keine gentechnisch veränderten Zutaten enthalten dürfen. In „vegetarischen" Produkten dürfen keine tierischen Bestandteile enthalten sein. Tierische Erzeugnisse sind zugelassen. Ausgenommen Eier aus Käfighaltung. Bei „veganen" Produkten entfallen auch die tierischen Erzeugnisse.
7	Das Label „Haltungsform" ist kein Tierwohllabel. Es garantiert nicht, dass es den Tieren wirklich gut gegangen ist. Haltungsform 1 „Stallhaltung" – gesetzliche Mindeststandard; Haltungsform 2 „Stallhaltung Plus" – etwas mehr Platz, Tageslicht, Beschäftigungsmaterial, Kühe sind nicht angebunden; Haltungsform 3 „Außenklima" – eine offene Stallseite oder überdachter Außenbereich; Futter ohne Gentechnik; Haltungsform 4 „Premium" - Auslauf im Freien, mehr Platz im Stall; Futter ohne Gentechnik.
8	Das MSC- Siegel kennzeichnet Fische und Meeresfrüchte aus umweltschonender Fischerei. Aus Sicht der Verbraucherzentralen ist das MSC-Label ein guter Ansatz, jedoch sind einige gelabelte Fischarten nur bedingt empfehlenswert. Kritiker bemängeln, dass auch Fischereien mit hohem Beifang und selbst Fisch aus überfischten Beständen mit dem Siegel versehen werden können.
9	Die Tierhaltung nach Neuland-Kriterien umfasst unter anderem Auslauf ins Freie, Strohhaltung, viel Tageslicht im Stall und den Einsatz heimischer Futtermittel. Bisher nur in einigen Hofläden, wenigen Wochenmärkten und einzelnen Lebensmittelgeschäften erhältlich.

KOHL VERLAG Lebensmitteleinkauf Ernährungsbezogenes Wissen vermitteln – Bestell-Nr. 13 021

Hintergrundinformationen und Lösungsvorschläge

15. Gütesiegel, Logos und Symbol

10	Frei- von- Produkte (laktosefrei, glutenfrei) sind immer dann hilfreich, wenn sie man von einer Laktoseunverträglichkeit betroffen ist, bzw. an Zöliakie leidet. Nicht Betroffenen bieten solche Produkte keine gesundheitlichen Vorteile. Solche Produkte sind häufig deutlich teurer.
11	Das QS- Zeichen weicht nur wenig von den gesetzlichen Mindestanforderungen ab und ist somit als Prüfzeichen zu bewerten. Der Schwerpunkt liegt auf der Qualitätssicherung, Kontrolle und Dokumentation auf allen Erzeugungsstufen der konventionellen Landwirtschaft von den Futtermitteln bis zum Lebensmittelhandel.
12	Der Begriff „Weidemilch" ist lebensmittelrechtlich weder definiert noch geschützt. Milch und Milchprodukte, die mit dem „Pro Weideland"-Logo gekennzeichnet sind, garantieren, dass die Milchkühe mindestens 6 Stunden an 120 Tage im Jahr auf der Weide sind. Die Futtermittel müssen gentechnikfrei sein.
13	Der Deutsche Tierschutzbund verspricht mit diesem Label ein glaubwürdiges Mehr an tiergerechter Erzeugung. Es gibt die Einstiegsstufe, die deutlich über den gesetzlichen Mindeststandard hinausgeht. Die Premiumstufe ist durch ein noch höheres Tierschutzniveau gekennzeichnet.
14	Die EU- weite Kennzeichnung „g.g.A." bedeutet „geschützte geografische Angabe". Hierbei muss aber nur eine Stufe der Produktion im genannten Gebiet erfolgen. Die „Nürnberger Rostbratwurst muss in der Region hergestellt werden, das Fleisch kann aber aus einem anderen Land stammen.
15	Das EU- Kennzeichen „g.U." bedeutet „geschützte Ursprungsbezeichnung" garantiert die Herkunft eines Lebensmittels aus dem bezeichneten Gebiet. Die Produkte müssen im festgelegten Gebiet nach bestimmten Kriterien erzeugt, verarbeitet und hergestellt werden. („Allgäuer Emmentaler", „Dresdener Stollen" usw.)

Aufgabe 2: individuelle/mögliche Lösung

Es ist sinnvoll, die abgebildeten Logos, Symbole und Bilder auf ihre Aussagekraft zu überprüfen. Neben den hilfreichen Symbolen findet man häufig willkürliche Angaben mit schönen Bildern, die uns etwas vorgaukeln.

Aufgabe 3: individuelle Lösung

Aufgabe 4: individuelle Lösung

21 Hintergrundinformationen und Lösungsvorschläge

16. Was bedeuten die E-Nummern?

Aufgabe:

		F				K	O	N	S	E	R	V	I	E	R	U	N	G	S	S	T	O	F	F	E		K	
	A	E	S		T		E					S					S								F		O	
	N	U	Ä	S	R		M			F		C					C				T		B	T	E		N	
	T	C	U	Ü	Ä		U			A		H					H				R		A	R	S		T	
	I	H	E	ß	G		L			R		M					A				E		C	E	T		R	
	O	T	R	U	E		G			B		E					U				N		K	I	I		A	
	X	H	U	N	R		A			S		L					M				N		T	B	G		S	
	I	A	N	G	S		T			T		Z					M				M		R	G	U		T	
	D	L	G	S	T		O			O		S					I				I		I	A	N		V	
	A	T	S	M	O		R			F		A					T				T		E	S	G		E	
	T	E	M	I	F		E			F		L					T				T		B	E	S		R	
	I	M	I	T	F		N			E		Z					E				E		M		M		S	V
	O	I	T	T	E							E					L				L		I		I		T	E
	N	T	T	E																			T		T		Ä	R
	S	T	E	L			S	Ä	U	R	E	R	E	G	U	L	A	T	O	R	E	N	T		T		R	D
	M	E	L																				E		E		K	I
	I	L			F	Ü	L	L	S	T	O	F	F	E									L		L		E	C
	T																										R	K
	T				M	E	H	L	B	E	H	A	N	D	L	U	N	G	S	M	I	T	T	E	L			U
	E							K	O	M	P	L	E	X	B	I	L	D	N	E	R							N
	L																									P		G
				G	E	S	C	H	M	A	C	K	S	V	E	R	S	T	Ä	R	K	E	R			A		S
						S	C	H	A	U	M	V	E	R	H	Ü	T	E	R							C		M
									G	E	L	I	E	R	M	I	T	T	E	L						K		I
				M	O	D	I	F	I	Z	I	E	R	T	E	S	T	Ä	R	K	E					G		T
			S	T	A	B	I	L	I	S	A	T	O	R	E	N										A		T
											Ü	B	E	R	Z	U	G	S	M	I	T	T	E	L		S		E
																										E		L

Zusatzinfos:

Die derzeit erlaubten Zusatzstoffe können folgendermaßen eingeteilt werden:

- Farbstoffe: E 100-180
- Konservierungsstoffe: E 200-297
- Antioxidations- und Säuerungsmittel: E 300-385
- Verdickungs- und Feuchthaltemittel: E 400-495
- Säuerungsmittel u. a.: E 500-586
- Geschmacksverstärker: E 620-650
- Süßstoffe u. a.: E 950-1521

KOHL VERLAG
Lebensmitteleinkauf
Ernährungsbezogenes Wissen vermitteln – Bestell-Nr. 13 021

16. Was bedeuten die E-Nummern?

Antioxidationsmittel sollen die Haltbarkeit von Lebensmitteln verlängern, indem sie sie vor der Oxidation schützen. Das Ranzigwerden von Fett gehört z. B. dazu.

Backtriebmittel setzen Gas frei und vergrößern dadurch das Volumen von Teigen.

Emulgatoren helfen dabei, zwei oder mehrere nicht mischbare Stoffe wie z. B. Öl und Wasser miteinander zu verbinden.

Farbstoffe sind Stoffe, die einem Lebensmittel Farbe geben oder wiederherstellen.

Festigungsmittel sind Lebensmittelzusatzstoffe, die für eine längere und höhere Festigkeit z. B. bei Fruchtfleisch von Obst, sorgen.

Feuchthaltemittel sollen verhindern, dass die Lebensmittel austrocknen. Oder es sind Stoffe, die die Auflösung eines Pulvers in Flüssigkeiten fördern.

Füllstoffe bilden einen Teil des Volumens eines Lebensmittels, ohne dabei nennenswert ihren Kaloriengehalt zu beeinflussen.

Geliermittel verleihen Lebensmitteln eine festere Konsistenz, indem sie ein Gel bilden.

Geschmacksverstärker lassen die Lebensmittel besser schmecken und/oder riechen.

Komplexbildner bilden mit Metallionen chemische Komplexe (Bindungen).

Konservierungsstoffe sollen die Haltbarkeit des Lebensmittels verlängern, indem sie sie vor dem Wachstum und/oder schädlichen Auswirkungen von Mikroorganismen schützen.

Kontrastverstärker werden auf die Oberfläche von Obst und Gemüse aufgebracht und sollen dazu betragen, dass sich diese Stellen von der restlichen Fläche farblich abheben.

Mehlbehandlungsmittel dazu zählen Stoffe, die im Mehl oder im Teig deren Backfähigkeit verbessern. Ausgenommen davon sind Emulgatoren.

Modifizierte Stärken sind Stoffe, die aus essbarer Stärke durch chemische Behandlung gewonnen werden. Diese bindet schon bei niedrigen Temperaturen Wasser in Lebensmitteln und bildet zähe Massen aus.

Packgase werden vor, nach oder mit dem Lebensmittel zusammen in ein Behältnis abgefüllt. Bestimmte Packgase können in der Verpackung z. B. den Sauerstoff verdrängen. Damit sollen sauerstoffabhängige Prozesse, wie der Verlust der Farbe oder des Aromas, verhindert werden. In so einer Umgebung können Bakterien, die den Sauerstoff benötigen, nicht wachsen.

Schaummittel sollen einheitliche gasförmige Phasen in flüssigen oder festen Lebensmitteln ermöglichen.

Schaumverhüter sollen verhindern, dass sich ein Schaum bildet oder die Schaumbildung verringern.

Schmelzsalze sind Stoffe, die in Käse enthaltene Proteine in eine dispergierte Form überführen und hierdurch eine homogene Verteilung von Fett und anderen Bestandteilen herbeiführen.

Säureregulatoren sollen den Grad der Säure oder die Alkalität (Gegenteil von Säure) eines Lebensmittels steuern oder verändern.

Säuerungsmittel erhöhen den Säuregrad eines Lebensmittels und/oder sorgen dafür, dass es sauer schmeckt.

KOHL VERLAG Lebensmitteleinkauf Ernährungsbezogenes Wissen vermitteln – Bestell-Nr. 13 021

Hintergrundinformationen und Lösungsvorschläge

16. Was bedeuten die E-Nummern?

Stabilisatoren sollen ermöglichen, dass das Lebensmittel seinen physikalisch-chemischen Zustand aufrechterhält. Das sind z. B. Stoffe, die die Farbe eines Lebensmittels stabilisieren, bewahren oder intensivieren.

Süßungsmittel werden zum Süßen von Lebensmitteln verwendet.

Trägerstoffe helfen, andere Stoffe in Lebensmitteln zu lösen oder zu verdünnen, ohne ihre Funktion zu verändern. Sie selbst üben in dem Produkt keine technologische Wirkung aus.

Treibgase sind Gase, die komprimiert bzw. druckverflüssigt dafür verwendet werden, (dafür sorgen) Flüssigkeiten oder Feststoffpulver durch ihren Druck zu zerstäuben oder aus einer Flüssigkeit Schaum aufzublähen.

Trennmittel verhindern, dass einzelne Partikel eines Lebensmittels aneinander haften bleiben.

Überzugsmittel verleihen der Oberfläche eines Lebensmittels ein glänzendes Aussehen oder bilden einen Überzug, der das Lebensmittel schützt.

Verdickungsmittel erhöhen die Viskosität eines Lebensmittels.

Die Aufnahme einiger Zusatzstoffe sollte besonders bei Kindern begrenzt sein. Farbstoffe wie E 102 und E 122 können z. B. zu Hyperaktivität und Aufmerksamkeitsstörungen führen. Diese Lebensmittel müssen den Warnhinweis „Kann Aktivität und Aufmerksamkeit bei Kindern beeinträchtigen“ tragen. Es besteht der Verdacht, dass ein Zusammenhang zwischen Morbus Alzheimer und einigen Zusatzstoffen besteht. Außerdem vermutet man einen engen Zusammenhang mit verschiedenen Erkrankungen.

Wer viele Lebensmittel mit Süßstoffen verzehrt, kann die unbedenkliche Aufnahme Menge schnell überschreiten. Die meist zusätzlich enthaltenen Aromastoffe und Geschmacksverstärker schaden dem natürlichen Geschmackssinn.

Aromastoffe sorgen für den zum Teil intensiven Geschmack und Geruch bestimmter Produkte. Durch den Einsatz von etwa 2700 verschiedner Aromastoffen kann den Produkten eine extra Portion Geschmack gegeben werden. Aromen werden auf verschiedenste Weise hergestellt und müssen nicht zwingend aus dem Lebensmittel stammen, nach denen sie schmecken. Ist die chemische Struktur bekannt, lässt sich diese im Labor nachahmen.

Steht in der Zutatenliste „Aroma“, handelt es sich mit hoher Wahrscheinlichkeit um chemisch hergestelltes Aroma. Wird „natürliches Aroma“ oder „natürlicher Aromastoff“ angegeben, bestehen diese aus pflanzlichen, tierischen oder mikrobiologischen Ausgangsstoffen wie Mikroorganismen oder Schimmelpilzen. Lautet die Angabe „natürliches Erdbeeraroma“, muss das Aroma zu 95 % aus dieser Quelle stammen.

Bei häufigem Genuss aromahaltiger Produkte kann sich zudem ein Gewöhnungseffekt einstellen. Plötzlich schmeckt die frische Erdbeere nicht mehr fruchtig-frisch, sondern fad und gar nicht wie das intensive Erdbeeraroma.

Lebensmitteleinkauf
Ernährungsbezogenes Wissen vermitteln – Bestell-Nr. 13 021
KOHL VERLAG

17. Süß, mit und ohne Zucker

Aufgabe 1: individuelle Lösung

Aufgabe 2: mögliche Lösung

- **„zuckerfrei“** - Ein Restgehalt von 0,5 g Zucker pro 100 g / 100 ml ist erlaubt.
- **„zuckerarm“** - Das Produkt darf 5 g Zucker pro 100 g oder 2,5 g pro 100 ml enthalten.
- **„ohne Zuckerzusatz“**/ „ohne zugesetzten Zucker“ - Es darf nur mit Süßstoffen oder Zuckeraustauschstoffen gesüßt werden. Enthält ein Lebensmittel (z. B. Früchtemüsli) von Natur aus Zucker, dann sollte das Etikett den Hinweis „enthält von Natur aus Zucker“ enthalten.
- **„alternativ gesüßt“** - Hier wird z. B. Dattelzucker, Kokosblütenzucker, Agavendicksaft; Apfelkonzentrat oder Honig verwendet.
- **„reduzierter Zuckergehalt“** - Es muss mindestens 30 % weniger Zucker im Vergleich zu anderen Lebensmitteln gleicher Art enthalten sein. Nur zulässig, wenn der Energiegehalt gleich oder niedriger ist als der des Vergleichsproduktes. Wird z. B. bei einem Kakaogetränk, der Zucker teilweise durch den Füllstoff Maltodextrin ersetzt, bleibt der Energiegehalt gleich. Maltodextrin hat den gleichen Energiegehalt wie Zucker.
- **„mit Traubenzucker“** - Traubenzucker (Glukose) hat zwar einen geringeren Energiegehalt wie Haushaltszucker, aber eine geringere Süßkraft. Wird mit Traubenzucker die gewohnte Süße erzielt, dann erhöht sich der Energiegehalt.
- **„mit Fruchtzucker – der Süße aus Früchten“** - Fruchtzucker (Fruktose) gibt Früchten die Süße. In der Lebensmittelproduktion wird Fruchtzucker oder Fruchtzuckersirup eingesetzt. Sie haben eine höhere Süßkraft als Haushaltszucker und sind meist preiswerter.
- **„weniger süß“** - Das ist lediglich eine Geschmacksangabe. Es bedeutet nicht immer weniger Zucker oder weniger Energie. Es kann z. B. nur eine weniger stark süßenden Zuckerart (z. B. Traubenzucker) verwendet worden sein.

Aufgabe 3: mögliche Lösung

Beispiele für den Zuckergehalt in verarbeiteten Lebensmitteln: (Ein Zuckerwürfel wiegt je nach Hersteller 3 – 4 Gramm; für möglichst realistische Angaben für Demonstrationszwecke bitte wiegen.)

Saccharose	Herkömmlicher Haushaltszucker
Laktose	Milchzucker, natürlicher Bestandteil der Milch
Glukose	Traubenzucker, wird aus Kartoffel- oder Maisstärke gewonnen
Fruktose	Fruchtzucker, natürlicher Bestandteil von Früchten
Glukose-Fruktosesirup	auch Isoglukose, wird aus Mais- und Weizenstärke hergestellt
Honig	besteht zu 80 % aus Saccharose
Maltodextrin	Gemisch aus Zucker und Stärke
Glukosesirup	aus Stärke gewonnen
Invertzuckersirup	in Wasser gelöster Haushaltszucker
Dicksäfte / Pflanzensirup	Stark eingedickte Säfte (Birnen- und Traubendicksaft, Agavendicksaft, Ahorn- und Dattelsirup, Reissirup)

Lebensmitteleinkauf
Ernährungsbezogenes Wissen vermitteln – Bestell-Nr. 13 021
KOHL VERLAG

Hintergrundinformationen und Lösungsvorschläge

17. Süß, mit und ohne Zucker

Aufgabe 3: mögliche Lösung

100 g Ketchup – 8 - 10 Zuckerwürfel	150 g Fruchtjoghurt – 7 Zuckerwürfel
200 ml Bier – 2 Zuckerwürfel	0,33 l Cola – 12 Zuckerwürfel
100 g Cornflakes – 12 Zuckerwürfel	125 g Dinkel-Hafer-Kekse – 8 Würfel
Müsliriegel – 4 Zuckerwürfel	50 g Kinderjoghurt – 2 Zuckerwürfel
100 g Müsli – bis zu 10 Zuckerwürfel	500 ml Apfelschorle – 11 Zuckerwürfel
Nussnougat-Creme-Brot – 4 Zuckerwürfel	400g Nuss-Nougat-Creme – 87 Zuckerwürfel
Fertigpizza – 6 Zuckerwürfel	0,2 l Kakaogetränk – 7 Zuckerwürfel
1 Becher Pudding (200 g) 10 Zuckerwürfel	1 Tafel Schokolade – 19 Zuckerwürfel
330 ml Energy Drink – 12 Zuckerwürfel	Frucht- Smoothie – 8 Zuckerwürfel
1 Schokoriegel – 7 Zuckerwürfel	100 g Salzstangen – 1 Zuckerwürfel
200 g Gummibärchen – 52 Zuckerwürfel	2 Kugel Eiscreme – 6 Zuckerwürfel
1 l Eistee – 27 Zuckerwürfel	1000g Instantteegranulat – 95 % Zucker

Aufgabe 4: mögliche Lösung

Zusatzinfos:

- Der Mensch braucht keinen zusätzlichen Zucker. Unser Gehirn und andere Organe benötigen zwar Traubenzucker um gut funktionieren zu können, aber die kann der Körper aus vielen Nahrungsmitteln selbst produzieren, z. B. aus Brot, Kartoffeln oder Getreide.
- Zucker wirkt appetitanregend und fördert durch einen hohen Energiegehalt Übergewicht und viele ernährungsbedingte Erkrankungen.
- Brauner Zucker hat einen so geringen Gehalt an Mineralstoffen, dass dies keinen gesundheitlich Wert darstellt.
- Honig besteht zu 80 % aus Fruchtzucker, Traubenzucker und anderen Zuckerarten. Der Rest ist Wasser und Spuren von Vitaminen, Mineralstoffen und Enzymen.
- Traubenzucker lässt den Blutzuckerspiegel kurzfristig steigen und erhöht somit die Leistungsfähigkeit. Der Blutzuckerspiegel fällt aber sehr schnell wieder ab und wir werden müde. Gewinnt der Körper Traubenzucker aus Vollkornprodukten, kann der Blutzuckerspiegel konstant gehalten werden, da der Traubenzucker nur langsam freigesetzt wird.
- Übermäßiger Konsum von Fruchtzuckerzusätzen kann negative Auswirkungen auf den Körper haben. Die Blutfettwerte steigen und Gicht kann begünstigt werden. Fruchtzucker wird ohne Umwege in den Fettdepots gespeichert, verhindert die Fettverbrennung und fördert den Fettaufbau. Außerdem blockiert Fruchtzucker das Sättigungsgefühl.
- Weltweit gibt es in über 50 Ländern eine Abgabe oder Steuer auf zuckerhaltige Getränke. Verbraucherschützer und Krankenkassen fordern das auch in Deutschland.

Hintergrundinformationen und Lösungsvorschläge

18. Was bedeutet der Stempel auf dem Ei?

Aufgabe 1: individuelle Lösung

Aufgabe 2: Schütteltest: Hört man beim Schütteln ein deutliches Glucksen, ist das Ei schon älter. Das Eiweiß verliert mit der Zeit an Festigkeit und wird dünnflüssig. Ein frisches Ei macht keine Geräusche.

Lichttest: Wenn man eine Taschenlampe vor das Ei hält, sollte man den Eidotter bei einem frischen Ei in der Mitte erkennen, egal wie man das Ei dreht.

Wassertest: Das frische Ei sinkt im Wasserglas nach unten. Ist es 7 – 14 Tage alt, richtet es sich auf. Ein ca. 4 Wochen altes Ei steigt im Wasser nach oben. Durch die Schale entweicht mit der Zeit Feuchtigkeit aus dem Ei, dadurch bildet sich eine Luftblase. Je älter das Ei desto größer die Luftblase und das Ei bekommt Auftrieb.

Aufschlagtest: Ist das Ei verdorben, erkennt man das auch am schwefligen Geruch, wenn man das Ei aufschlägt. Wölbt sich das Eigelb und das Eiweiß ist noch dickflüssig, dann ist das Ei frisch. Bei einem etwas 7 Tage alten Ei zerfließt das Eiweiß langsam. Wenn aber Eigelb und Eiweiß sofort zerlaufen, ist das Ei alt.

Aufgabe 3: Roh oder gekocht? Das Ei wird auf der Tischplatte gedreht, eiert es langsam herum, dann ist es roh. Der Inhalt ist flüssig und bewegt sich bei der Drehung mit. Ein gekochtes Ei dreht sich gleichmäßig und schnell, da der Inhalt fest und unbeweglich ist.

Aufgabe 4: individuelle Lösung

Zusatzinfos:

In den Handel kommen nur Eier der Güteklasse A. Eier der Klasse B gehen in die Nahrungsmittelindustrie. Die Kennzeichnung „EXTRA frisch“ ist nur bis maximal 9 Tage nach dem Legen erlaubt.

Die Gewichtsklassen werden mit XL = sehr groß (73 g und mehr), L = groß (63 – unter 73 g), M = mittel (53 – unter 63 g) und S = klein (unter 53 g) angegeben.

Das Mindesthaltbarkeitsdatum (MHD) darf 28 Tage nach dem Legen nicht überschreiten. Auf der Verpackung ist die Kennnummer der Packstelle angegeben. Es ist zulässig, die Eier in einem anderen Land abzupacken. Das Ei ist z. B. in den Niederlanden gelegt und in Deutschland abgepackt. Information über die Herkunft gibt nur der Stempel auf dem Ei.

Die Farbe der Eierschale wirkt sich nicht auf den Geschmack aus. Die Farbe der Schale hängt von der Hühnerrasse und nicht von der Farbe der Federn ab. Je nach Erbinformation produzieren die Hühner über eine Drüse einen Farbstoff, der die Eierschale bräunlich färbt. Aber nicht alle Hühner produzieren diesen Farbstoff, dann bleibt das Ei weiß. Es kann aber auch hellgrüne oder türkisfarbige Eier geben. Bei reinrassigen Hühnern kann man an den Ohrläppchen die Farbe der Eier erkennen. Sind die Ohrläppchen weiß, ist das Ei weiß, ist es rot, ist das Ei braun.

KOHL VERLAG Lebensmitteleinkauf Ernährungsbezogenes Wissen vermitteln – Bestell-Nr. 13 021

18. Was bedeutet der Stempel auf dem Ei?

Code für die Haltungsform

0 = Ökologische Erzeugung

Im Stall sind max. 6 Tiere pro Quadratmeter, insgesamt nicht mehr als 3000. Der Stall hat Sitzstangen (18 cm / Tier) und ist mit min. 1/3 mit Stroh, Holzspänen oder Sand eingestreut. Im angrenzenden Freiland gibt es min. 4 Quadratmeter Auslauffläche pro Tier. Das Futter stammt zum überwiegenden Teil aus ökologischem Anbau.

1 = Freilandhaltung

Es gelten die Kriterien wie bei der Bodenhaltung. Zusätzlich haben die Hennen tagsüber Zugang zu min. 4 Quadratmeter Auslauffläche im Freien, die überwiegend begrünt sein sollte.

2 = Bodenhaltung

In geschlossenen Ställen leben max. 9 Tiere pro Quadratmeter, insgesamt max. 6000 Hennen. Der Stall kann bis zu 4 Ebenen übereinander haben, dann sind 18 Tiere pro Quadratmeter Grundfläche erlaubt. Mindestens 1/3 des Stalls ist eingestreut, es gibt Legenester und Sitzstangen.

3 = Käfighaltung

Seit 2010 ist die Käfighaltung in Deutschland und seit 2012 in der EU verboten. Daraus entwickelten sich sogenannte Kleingruppenkäfige. Diese werden ab 2026 auch verboten. In der Kleingruppenhaltung leben max. 12,5 Tiere auf einem Quadratmeter. Zu einer Gruppe gehören bis zu 60 Hennen.

Herkunftsland	Bundesland
AT = Österreich	01 = Schleswig Holstein
BE = Belgien	02 = Hamburg
DE = Deutschland	03 = Niedersachsen
DK = Dänemark	04 = Bremen
NL = Niederlande	05 = Nordrhein-Westfalen
ES = Spanien	06 = Hessen
FI = Finnland	07 = Rheinland-Pfalz
FR = Frankreich	08 = Baden-Württemberg
GR = Griechenland	09 = Bayern
IE = Irland	10 = Saarland
IT = Italien	11 = Berlin
LU = Luxemburg	12 = Brandenburg
PT = Portugal	13 = Mecklenburg-Vorpommern
UK = Großbritannien	14 = Sachsen
SE = Schweden	15 = Sachsen-Anhalt
PL = Polen	16 = Thüringen

KOHL VERLAG Lebensmitteleinkauf Ernährungsbezogenes Wissen vermitteln – Bestell-Nr. 13 021

Hintergrundinformationen und Lösungsvorschläge

19. Was versteht man unter Light – Produkten?

Aufgabe 1: individuelle Lösung

Aufgabe 2: individuelle Lösung

Aufgabe 3: individuelle Lösung

Zusatzinfos:

Vielfach findet man in dieser Produktpalette eher ungesunde Lebensmittel wie z. B. Knabberartikel, Süßwaren oder süße Getränke, die man nicht zu häufig verzehren sollte. Die Bezeichnung „Light“ könnte schnell dazu führen, dass man öfter zugreift, da das Produkt ja vermeintlich weniger Kalorien liefert. Wer in der Regel auf eine Kost mit vielen Ballaststoffen und möglichst naturbelassenen Lebensmitteln achtet, der darf auch ab und zu ganz normale „kleine Sünden“ einplanen.

20. Fantasievolle Produktnamen und andere Tricks

Aufgabe 1: individuelle Lösung

Aufgabe 2: individuelle Lösung

Aufgabe 3: individuelle Lösung

KOHL VERLAG Lebensmitteleinkauf
Ernährungsbezogenes Wissen vermitteln – Bestell-Nr. 13 021